LE GUIDE PRATIQUE

DES

INDEMNISÉS,

DE LEURS AYANT-CAUSE, DE LEURS CRÉANCIERS, etc.

CONTENANT

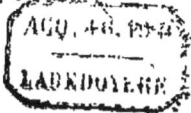

LA LOI SUR L'INDEMNITÉ,

Avec le Discours prononcé par le Roi à l'ouverture des Chambres ; l'Exposé des motifs, par les Orateurs du Gouvernement et les Rapporteurs des deux commissions ; la liste complète de tous les Amendements proposés dans les deux chambres ; et celle des Orateurs inscrits pour et contre le projet de loi ; les Lois et Décrets qui s'y rapportent ; l'Ordonnance interprétative du 1er mai 1825 ; et une Instruction sur les formalités à remplir, pour parvenir à la liquidation des droits des émigrés, déportés : etc., avec des modèles de pétitions et autres actes.

PUBLIÉS PAR UN AVOCAT A LA COUR ROYALE
DE PARIS,

PARIS,

Chez
{
PONTHIEU, libraire, au Palais-Royal, galerie de bois.
SANSON, libraire, au Palais-Royal, galerie de bois.
LEDOYEN, libraire. au Palais-Royal, galerie de bois.
DÈCLE, libraire, place du Palais de Justice.
DESCHAMPS, libraire, rue Saint-Jacques, no 160, près de l'École de Droit.
DELAROQUE jeune, libraire, boulevard Poissonnière, no 1.
PICHARD, libraire, quai Conti, no 5.
}

1825.

IMPRIMERIE D'HIPPOLYTE TILLIARD,
rue de la Harpe, n° 78.

AVERTISSEMENT.

C'est un principe reconnu, que l'on ne peut bien connaître l'esprit, bien comprendre le texte d'une loi, qu'en remontant à sa source; c'est en considérant les caractères primitifs de de cette loi, à sa présentation, les développements qu'elle a reçus dans la discussion, les changements qu'elle a subis avant d'être définitivement soumise à la sanction royale, que l'on peut mieux se pénétrer de l'esprit du législateur. La discussion d'une loi en est, sans contredit, le meilleur commentaire : aussi nous croyons avoir rendu un véritable service à ceux appelés à interpréter ou à appliquer la loi d'indemnité, la plus importante, peut-être, de celles qui ont été promulguées depuis la restauration, en réunissant les discours des orateurs du gouvernement, et en donnant la liste fidèle de tous les amendements proposés dans les deux chambres sur cette loi; c'est surtout en voyant le sort de chacun de ces amendements que l'on comprendra mieux l'intention et le but du législateur.

Nous avons du faire commencer ce recueil par le discours du Roi, qui a précédé cette mémorable discussion et qui en a été comme la préface.

L'ordonnance interprétative du 1er mai rend inutiles beaucoup d'observations que nous nous proposions de faire sur la loi nouvelle. Cette ordonnance que nous rapportons textuellement, doit remplacer tout commentaire; aussi nous bornerons-nous à donner une légère instruction avec des modèles de pétitions, et autres actes propres à faciliter la liquidation.

Enfin, sans rendre ce recueil trop volumineux, nous avons joint les lois et décrets cités dans la loi nouvelle. On aura par là sous les yeux tout ce qui a rapport à l'indemnité et ce qu'il est indispensable de connaître pour bien entendre la loi.

LE GUIDE

DES INDEMNISÉS

LOI SUR L'INDEMNITÉ,

AVEC LES DISCUSSIONS ET LOIS QUI S'Y RAPPORTENT.

~~~~~~

DISCOURS

PRONONCÉ PAR LE ROI,

à l'Ouverture des Chambres, le 22 décembre 1824.

MESSIEURS,

« Le premier besoin de mon cœur est de vous parler de ma dou-
» leur et de la vôtre. Nous avons perdu un roi sage et bon, tendre-
» ment chéri de sa famille, vénéré de ses peuples, honoré et
» respecté de tous les gouvernements étrangers.

» La gloire de son règne ne s'effacera jamais : non-seulement il
» a relevé le trône de mes ancêtres, mais il l'a consolidé par des
» institutions qui, rapprochant et réunissant le passé et le présent,
» ont rendu à la France le repos et le bonheur.

» L'affliction touchante que la nation entière a ressentie aux der-
» niers moments du Roi, mon frère, a été pour moi la plus douce
» de toutes les consolations ; et, je le dis avec vérité, c'est à elle
» seule que je dois d'avoir pu jouir pleinement de la confiance avec
» laquelle mon avènement au trône a été accueilli.

» Cette confiance ne sera pas trompée, messieurs ; je connais
» tous les devoirs que m'impose la royauté ; mais, fort de mon
» amour pour mes peuples, j'espère, avec l'aide de Dieu, avoir le
» courage et la fermeté nécessaires pour le bien remplir.

1.

» Je vous annonce avec plaisir que les dispositions des gouver-
» nements étrangers n'ont pas éprouvé de changements , et ne me
» laissent aucun doute sur le maintien des relations amicales qui
» existent entre eux et moi. L'esprit de conciliation et de prudence
» qui les anime, donne aux peuples les plus fortes garanties qu'ils
» aient jamais eues contre le retour des fléaux qui les ont si long-
» temps désolés.

» Je ne négligerai rien pour maintenir cet heureux accord et la
» paix qui en est le fruit ; c'est dans ce dessein que j'ai consenti à
» prolonger encore le séjour en Espagne d'une partie des troupes
» que mon fils y avait laissées après une campagne que , comme
» Français et comme père , je puis nommer glorieuse. Une con-
» vention récente a réglé les conditions de cette mesure temporaire,
» de manière à concilier les intérêts des deux monarchies.

« La juste sécurité que nous donnent nos rapports extérieurs,
» favorisera le développement de notre prospérité intérieure. Je
» seconderai, Messieurs, ce mouvement salutaire, en vous faisant
» proposer successivement les améliorations que réclament les in-
» térêts sacrés de la religion et les parties les plus importantes de
« notre législation.

» *Le Roi mon frère trouvait une grande consolation à préparer*
» *les moyens de fermer les dernières plaies de la révolution. Le*
» *moment est venu d'exécuter les sages desseins qu'il avait conçus.*
» *La situation de nos finances permettra d'accomplir ce grand acte*
» *de justice et de politique , sans augmenter les impôts , sans nuire*
» *au crédit , sans retrancher aucune partie des fonds destinés aux*
» *divers services publics. Ces résultats , peut-être inespérés , Mes-*
» *sieurs , nous les devons à l'ordre établi avec votre concours , dans*
» *la fortune de l'État , et à la paix dont nous jouissons. J'ai la*
» *ferme confiance que vous entrerez dans mes vues , et que cette*
» *œuvre de réparation s'achèvera par un accord parfait de volontés*
» *entre vous et moi.*

» Je veux que la cérémonie de mon sacre termine la première
» session de mon règne. Vous assisterez , Messieurs , à cette au-
» guste cérémonie. Là , prosterné au pied du même autel où Clovis
» reçut l'onction sainte, et en présence de celui qui juge les peuples
» et les rois, je renouvellerai le serment de maintenir et de faire
» observer les lois de mon État , et les institutions octroyées par
» le Roi mon frère ; je remercierai la divine Providence d'avoir
» daigné se servir de moi pour réparer les derniers malheurs de
» mon peuple , et je la conjurerai de continuer à protéger cette
» belle France que je suis fier de gouverner. »

EXPOSÉ

DES MOTIFS

DU PROJET DE LOI

Relatif à l'Indemnité à accorder aux anciens propriétaires de biens-fonds confisqués et vendus au profit de l'Etat, en exécution des lois sur les émigrés ; fait par M. de Martignac, dans la séance de la Chambre des députés, du 3 janvier 1825.

MESSIEURS,

LE Roi nous a ordonné de vous apporter un projet de loi tendant à accorder une indemnité aux anciens propriétaires de biens-fonds confisqués et vendus au profit de l'Etat, dans les temps de nos discordes civiles.

Les motifs qui ont déterminé le Roi à vous proposer ce grand acte de justice et de sagesse n'ont pas besoin d'être longuement développés devant vous. Lorsque les tempêtes politiques sont calmées, lorsque le règne des passions et des partis est arrivé à son terme, la raison et la vérité se font entendre d'elles-mêmes. Ce qui est généreux et juste, ce qui est utile et bon, se manifeste à tous les esprits, se fait entendre à tous les cœurs, et ne veut plus être ni justifié ni expliqué.

Vous le savez, Messieurs, à cette époque de douloureuse mémoire qui sépara la famille de nos rois et la terre de la France, le cœur des hommes de bien fut incertain et partagé. Les uns jugèrent que la prudence, les intérêts du trône et du pays, les attachaient au sol brûlant, mais toujours cher, de la patrie ; d'autres virent l'honneur sur la terre étrangère où une royale infortune avait cherché un asile, et où la fidélité leur sembla devoir suivre le malheur. Un grand nombre de Français quittèrent alors leur pays, déjà menacé de tous les maux que traîne après soi l'anarchie.

A Dieu ne plaise que nous retracions ici les sinistres événements qui ont marqué ces temps de trouble et de désordre dont tous nos efforts doivent tendre à effacer le souvenir.

Nous ne rappellerons de tant de maux que ceux que la justice et la prudence ordonnent de réparer, et qui ne peuvent être oubliés qu'à ce prix.

Des actes sévères et menaçants rappelèrent en France ceux qui s'en étaient éloignés ; un refus que tout le monde comprend aujourd'hui, attira sur eux des lois de vengeance et de fureur, l'exil éternel ou la mort.

Ces lois ne suffirent pas; il fallut chercher un moyen de frapper à la fois et les absents et leurs familles. L'esprit de haine le trouva; leurs propriétés furent successivement séquestrées, confisquées et mises en vente. Des lois nombreuses ordonnèrent, ordonnèrent encore, pressèrent de toute la puissance de la force et de la terreur, une expropriation trouvée trop lente.

Les biens des émigrés furent divisés, subdivisés et vendus.

Plusieurs années s'écoulèrent.

Lorsque les événements eurent changé la situation des émigrés, et leur eurent permis de revoir la France, un nombre assez considérable d'entre eux y revinrent, et quelques-uns obtinrent la restitution de celles de leurs propriétés qui étoient restées au pouvoir de l'Etat.

Les choses étaient dans cette situation, lorsque Louis XVIII remonta sur le trône de ses aieux.

L'un des premiers désirs de son cœur fut sans doute de secourir ceux dont l'honorable détresse se rattachait à ses propres malheurs; mais le premier besoin de sa sagesse fut d'assurer la paix publique dans le royaume qui lui était rendu. Vingt-cinq années avaient passé sur la France, et la profonde trace de leur passage se rencontrait à chaque pas.

La Charte, gage de sécurité, monument de modération, déclara toutes les propriétés inviolables, et comprit expressément dans cette inviolabilité celles qu'on appelait *nationales*.

Elle proclama qu'entre les propriétés, la loi n'admettait aucune différence; et vous savez, Messieurs, si cette déclaration du monarque législateur a été respectée en France.

Cependant, ces familles dépossédées pendant une absence aujourd'hui si hautement légitimée, dépouillées à leur retour de toute espérance de restitution, avaient, à la bienveillance du Roi et à la justice du pays, des droits qui ne pouvaient pas être méconnus. Leur champ, leur maison, l'héritage de leur famille, avaient été confisqués et vendus au profit de l'Etat.

Auprès d'une nation généreuse et loyale, c'étoit là comme une sorte de créance qui ne devait pas être contestée.

Une indemnité devait donc être la suite de l'inviolabilité des contrats passés sous l'empire des confiscations.

Tous les cœurs le sentirent, mais le soin d'exprimer le premier ces nobles sentiments, appartenait à l'un des plus illustres chefs de cette armée, qui fut un temps la consolation et toujours la gloire de notre patrie. La France conservera le souvenir de l'appel fait à sa loyauté par un noble pair, dès les premiers mois qui suivirent la restauration du trône légitime.

D'autres obligations, d'autres besoins forcèrent d'ajourner l'exécution d'une mesure dont les esprits droits et les ames généreuses sentirent dès lors la convenance et la nécessité.

La Charte avait dit aussi :

« La dette publique est garantie, et toute espèce d'engagements pris par l'Etat avec ses créanciers est inviolable. »

Il fallait accomplir cette grande et solennelle promesse, et jeter ainsi, par un haut témoignage de respect pour tous les engagements contractés au nom de l'Etat, les vrais fondements de la fortune publique.

On se contenta donc d'étendre à toutes les familles des émigrés les remises faites à quelques-unes de leurs biens non vendus, et de leur faire l'abandon des portions des prix de vente qui n'étaient pas encore rentrées dans les caisses du domaine. Telles furent les dispositions de la loi du 5 décembre 1814.

Bientôt des malheurs nouveaux vinrent assaillir la France. Les charges d'une longue occupation se joignirent aux charges déjà existantes. Le Roi et la France s'entendirent encore pour les acquitter. Le temps, les ressources de notre pays, l'esprit de justice et de loyauté qui anime ses habitants, et le crédit qui naît de la confiance et qui la soutient, en donnèrent l'heureuse possibilité.

Déjà Louis XVIII s'occupait de proposer aux Chambres les moyens de sceller par un acte réparateur une réconciliation générale; déjà des réserves étaient préparées lorsque les périls dont se vit menacé le roi d'Espagne et la sûreté de nos frontières, nous imposèrent de nouveaux sacrifices. La guerre faite à la révolution espagnole retarda encore l'accomplissement d'un projet dès longtemps conçu par la royale sagesse. Il vous en souvient, Messieurs, à l'ouverture de la dernière session, ce Roi juste et bienfaisant, dont vous ne deviez plus entendre la voix paternelle, vous exprima son désir de fermer les dernières plaies de la révolution. Vos ames comprirent aisément la sienne, et vos vœux appliquèrent ces consolantes paroles à la fidélité malheureuse et dépouillée.

Le moment est enfin venu où ce désir peut être satisfait, où cet acte d'une haute et saine politique peut être accompli. La libération de l'arriéré, l'heureux état de nos finances, la puissance toujours croissante de notre crédit, la bonne et sûre intelligence qui règne entre le Roi et les autres gouvernements, permettent enfin de sonder cette plaie, que la restauration a laissée saignante, et qui porte sur le corps entier, quoiqu'elle paraisse n'affecter qu'une de ses parties.

Le temps est arrivé, où il est possible de dire à ceux qu'on a dépouillés de leur héritage, et qui ont supporté ce malheur avec une si constante résignation : « L'Etat vous a privés de vos biens; il en a transmis la propriété à d'autres, dans des temps de trouble et de désordre. L'Etat, rendu à la paix et à la légitimité, vient vous offrir le dédommagement qui est en son pouvoir : recevez-le, et que la funeste trace des confiscations et des haines s'efface et disparaisse pour jamais. »

Tel est, Messieurs, le grand et légitime but du projet de loi que le Roi nous a ordonné de vous présenter.

Proclamé par la justice, sanctionné par l'intérêt général, le principe sur lequel ce projet repose a quelque chose de noble, de vrai, de satisfaisant, qui semble de nature à concilier tous les esprits, et qui n'a besoin que d'être énoncé.

De tous les droits dont la société promet et doit la conservation, le droit de propriété est sans doute le plus sacré, celui auquel se rattache le plus fortement la garantie des actes.

De toutes les peines que peuvent prononcer les lois et que doit appliquer la justice humaine, la plus cruelle c'est la confiscation de tous les biens; châtiment odieux qui frappe le condamné jusque dans sa postérité, et par qui l'Etat s'enrichit des dépouilles de ceux qu'il a privés de leur père.

En 1790, elle fut abolie par un décret solennel, au nom de la justice et de l'humanité, et peu de mois après, elle fut rétablie au nom de la vengeance et de la haine.

Et comment le fut-elle?

Par une mesure générale prononcée et appliquée par la loi elle-même, et qui enveloppa toutes les familles de ceux que leurs devoirs et leurs dangers avaient contraints à fuir leur patrie. Elle ne se borna pas cette fois à dépouiller les enfants; elle remonta pour frapper; et héritière anticipée, elle alla saisir la part promise par la nature au fils émigré, jusque dans les mains du père vivant.

Ces lois funestes ont disparu; la confiscation judiciaire elle-même a été effacée de nos Codes, où elle avait été replacée. Le Roi l'a abolie à son retour, et sa sagesse éclairée, luttant d'avance contre les fautes de l'avenir, a déclaré qu'elle ne pourrait être rétablie.

Ces dispositions bienfaisantes n'ont pu rétroagir; elles n'ont pu franchir l'intervalle qui sépare le mois de mai 1814 du mois de janvier 1790, pour rejoindre ainsi l'un des premiers bienfaits de Louis XVIII à l'un des derniers bienfaits de Louis XVI.

Des transactions nombreuses avaient été passées sous l'empire des lois abolies. La prudence du monarque pacificateur les a maintenues. La Charte, qui a prêté à ces transactions l'appui de l'autorité souveraine et légitime, les a déclarées inviolables. Un respect entier, profond, sans réserve, est dû à cette auguste sanction.

Mais quand le respect pour le droit de propriété, quand l'obligation de réparer le dommage injustement souffert ne seraient pas directs aussi dans les lois de tous les peuples, il est dans les consciences quelque chose de plus fort que les lois elle-mêmes, qui avertirait que l'Etat, au nom duquel ces confiscations et ces ventes ont été faites, que l'Etat, qui a reçu le prix, qui en a joui trente années, doit un dédommagement à ceux qui furent aussi violemment dépossédés.

Quelques voix cependant s'élèvent pour repousser cette réparation, que de si grands intérêts réclament.

On a demandé pourquoi les pertes dont l'émigration a été la cause, seraient les seules pour lesquelles un dédommagement serait jugé nécessaire? pourquoi les malheurs de ce genre seraient considérés comme la seule plaie qu'il fût juste et humain de cicatriser?

« La réduction de la dette publique, a-t-on dit, a privé les créanciers de l'Etat des deux tiers de leur créance. Le maximum, les assignats, les désastres de la guerre, ont frappé de nombreuses familles. Pourquoi tous ceux qui ont été ainsi dépouillés, n'auraient-ils pas des droits à une réparation qu'on ne veut accorder qu'à quelques malheurs et à quelques victimes? Il y a impossibilité de réparer toutes les pertes ; et il y aurait injustice à n'en réparer que quelques-unes. »

Vous avez déjà, Messieurs, pressenti la réponse.

Sans doute la révolution a produit des maux de toute espèce, on trouve des malheurs partout où l'on reconnaît la trace de ses fureurs ou de ses folies.

Sans doute il faut renoncer à guérir tant de maux divers. Les richesses de la France rendue à l'ordre et à la légitimité, ne suffiraient pas pour réparer les pertes qu'avait subies la France appauvrie par l'anarchie et la licence.

Mais si parmi ces maux que la révolution a faits, il en est que la justice signale comme les plus graves et les plus odieux, et la raison comme les plus funestes ; s'il en est dont l'origine soit un attentat aux droits les plus saints, et la trace comme une cause toujours subsistante de division et de haine, l'impuissance où nous serions de guérir tous les autres, doit-elle nous empêcher de porter à ceux-là un remède qui serait en notre pouvoir ?

Les émigrés ont tout perdu à la fois. Tous les maux qui ont pesé sur la France, les ont frappés, et ils ont souffert en outre des malheurs plus graves encore et qui n'ont été réservés que pour eux.

Les créanciers de l'Etat, victimes d'une coupable infidélité, ont perdu les deux tiers de leurs créances ; mais ils en ont conservé une partie, et la funeste mesure qui les a dépouillés de l'autre, leur a du moins laissé leurs autres propriétés.

Le *maximum*, les assignats ont altéré et détruit au préjudice des négociants et des capitalistes, les valeurs qu'ils avaient dans leurs mains ; mais ils n'ont porté aucune atteinte à leur fortune immobilière.

Ceux qui ont souffert des maux de la guerre, ont vu dévaster leurs champs et leur asile ; mais le sol du moins leur est resté.

Les lois sur les émigrés leur ont tout ravi aussi ; leurs créances, leurs meubles, leurs revenus ; mais de plus ces lois cruelles les ont privés et les ont privés seuls de leurs champs, de leurs maisons, de la partie, de ce sol natal pour la conservation de laquelle le propriétaire a droit de demander à la société protection et garantie.

C'est pour ce dernier malheur qu'une réparation est demandée. Celui-là sort de la classe commune ; aucun autre ne peut lui être comparé : s'il n'est qu'une classe de victimes à qui une réparation puisse être accordée, c'est à celles qui l'ont souffert que la justice le doit.

« Et si ce n'était pas à cause de l'étendue de la perte, Messieurs, ce devrait être à cause de son origine et de sa nature.

L'acte qui les a dépouillés, ce ne fut pas cette confiscation que des lois criminelles prononçaient pour l'avenir contre un crime qu'elles signalent, et qui est destinée à être appliquée par les tribunaux. Odieuse parce qu'elle frappe au-delà du coupable. Une pareille disposition offre du moins quelque garantie dans l'impartialité du juge qui doit l'infliger.

La confiscation lancée contre les émigrés ne fut pas une peine établie, mais une vengeance exercée. Ce fut la confiscation en masse cette confiscation qui marche à la suite des proscriptions, celle qui fut jetée dans Rome par Sylla, et que la puissance de la force prononce contre tous ceux que poursuit son ressentiment.

Ces lois violentes, ces lois de colère qui portent atteinte soit à l'existence, soit à la propriété d'une masse entière de citoyens, sont de grandes calamités par lesquelles tous les fondements de la société sont ébranlés. Dès l'instant où la terre du plus faible peut passer par un acte d'autorité au pouvoir du plus fort, il n'y a plus ni garantie, ni sécurité, et le lien social est brisé.

De tels actes sont des abus de la force qu'aucun exemple ne peut justifier, et contre lesquels les amis de l'ordre, les écrivains courageux, les publicistes renommés ont dans tous les temps élevé la voix.

Il importe qu'un exemple mémorable et utile pour tous exprime que les grandes injustices doivent avec le temps obtenir de grandes réparations.

Cet exemple, c'est à la France qu'il appartient de le donner. C'est sous l'empire d'un Roi protecteur de tous les droits; c'est sous l'influence d'une Charte éminemment conservatrice qu'il doit être offert avec franchise et loyauté comme un gage de plus, comme une garantie nouvelle.

Ainsi, Messieurs, le dédommagement qui ne peut être accordé pour toutes les pertes doit l'être pour les suites de la confiscation prononcée contre les émigrés; d'abord, parce que les pertes des émigrés ont été entières, et que celles des autres n'ont été que partielles. J'insiste, parce qu'il y a dans la violence qui les a dépouillés de leurs biens, quelque chose d'odieux et de dangereux qui demande, qui exige une réparation.

Mais ce n'est pas tout; et des motifs d'une autre nature indiquent assez hautement que les maux pour lesquels un remède se prépare, ne peuvent être confondus avec les autres, et que les plus grands intérêts, les intérêts de tous, sont attachés à leur guérison.

Qui ne sent comme nous, Messieurs, le besoin d'effacer, sur de nombreuses portions de notre terre, la trace des confiscations? Qui ne sent surtout le besoin d'éteindre sans retour les divisions et les haines, et qui pourrait nier qu'une grande mesure qui atteindrait ce double but ne fût un véritable bienfait pour la France entière?

Cette mesure, c'est celle que nous vous proposons.

Malgré la sécurité profonde où sont, où doivent être les nouveaux propriétaires, malgré l'irrévocable sanction accordée à leurs titres, l'opinion publique, il faut bien le dire, persiste à reconnaître encore la ligne que la loi a effacée.

Les biens confisqués sur les émigrés, trouvent difficilement des acquéreurs, et leur valeur dans le commerce n'est point en proportion avec leur valeur matérielle.

L'indemnité allouée aux anciens possesseurs, peut seule rendre commun à l'opinion le langage de la Charte, et ce n'est que par elle que peut disparaître la différence qui existe encore entre les propriétés du même sol.

Par ce moyen, la réparation proposée profitera à l'État, en rendant des fonds devenus stériles pour lui à une circulation productive; mais elle lui profitera bien plus et bien mieux encore en affermissant l'union et la paix, source première de toutes les prospérités.

Quelle que soit l'admirable résignation avec laquelle les anciens propriétaires ont supporté leur sort, il y a dans ce rapprochement continuel de l'homme dépouillé de l'objet matériel dont il a été privé, et du possesseur actuel, une action constante qui ne permet pas au souvenir de s'effacer, et aux passions de s'éteindre. C'est le frottement qui entretient et qui ranime les plaies.

Sans doute, ceux que la révolution a frappés dans leurs créances, dans leur état, dans leur fortune mobilière, ceux qui ont souffert du fléau de la guerre, conserveront de tant de pertes un souvenir pénible et douloureux; mais le ressentiment qu'ils éprouvent n'a pas au moins d'objet particulier et présent. C'est la loi, c'est l'État, c'est la guerre qu'ils accusent; leurs malheurs n'ont pas laissé dans des mains étrangères des monuments toujours subsistants destinés à frapper constamment leur vue, et à servir comme de plaintes continuelles et de reproches éternels.

De pareils souvenirs s'effacent; mais la confiscation immobilière n'est pas une de ces calamités dont la trace soit fugitive. Elle produit un souvenir vif et profond, sans cesse présent, sans cesse renouvelé, qui s'identifie avec le sol, qui se perpétue avec lui, et qui, pour avoir sommeillé quelque temps, n'en est pas moins toujours prêt à se ranimer.

D'autres terres sont encore, après des siècles, sillonnées par un volcan.

Le Roi demande votre secours, messieurs, pour les éteindre dans notre patrie, et déjà vos vœux sont allés au-devant des siens.

Nous vous proposons donc de reconnaître qu'une indemnité doit être allouée aux familles françaises, au préjudice desquelles des biens-fonds situés en France ont été confisqués et vendus en vertu des lois sur les émigrés.

Le capital de cette indemnité doit représenter une valeur à peu près égale à celle qu'elle est destinée à remplacer.

Une indemnité fractionnelle, un simple secours accordé au malheur, n'atteindrait pas le but que le Roi se propose, et vers lequel doivent tendre vos efforts. L'empreinte de la confiscation resterait toujours sur les biens vendus. Les anciens propriétaires seraient encore dépouillés, et les deux classes de propriété ne verraient pas s'opérer la fusion conciliatrice.

Il faut donc que le capital de l'indemnité représente approximativement le capital de la valeur perdue. D'accord sur le premier point, on doit l'être aisément sur celui-ci.

Les véritables difficultés commencent à l'exécution de la mesure.

Pour déterminer le montant de l'indemnité, la première obligation était de connaître la valeur des propriétés vendues, et rien ne peut offrir plus d'embarras à l'esprit que l'adoption d'une base pour cette appréciation.

Il était impossible de la chercher dans les impositions actuelles ; d'une part, l'état des choses a subi, dans un intervalle de trente années, des modifications telles que la valeur d'aujourd'hui n'est plus en rapport avec celle d'autrefois; des édifices ont été détruits ou élevés, des bois ont été défrichés ou plantés et accrus; des terrains incultes ont été mis en rapport. D'autre part, quelques fonds possédés par divers propriétaires, ont été acquis par fractions, et réunis dans une seule exploitation : d'autres, au contraire, ont subi des divisions différentes. Il serait impossible, et nous en avons acquis la certitude, de trouver l'application des articles compris dans le rôle actuel des contributions, aux lots vendus depuis trente années.

La plus grande partie de ces inconvénients se retrouverait dans l'estimation à faire actuellement par experts, et cette mesure en offrirait d'autres d'une nature plus grave. Les visites et les expertises placeraient les nouveaux propriétaires en contact nécessaire et prolongé avec les anciens, et ne conduiraient qu'à des résultats vagues, arbitraires, appuyés sur des souvenirs et des conjectures. Elle mettrait ainsi aux prises les intérêts et les passions, sans aucune utilité pour la justice et pour la vérité.

Ce n'est pas tout. Le gouvernement, en venant proposer aux Chambres une grande mesure, qui exige un grand sacrifice, ne peut se présenter à elles qu'avec des documents qui leur permettent d'en déterminer l'étendue. Notre premier devoir était de vous les faire connaître ; et ce devoir ne pouvoit être rempli si la base de l'indemnité restait soumise à des opérations éventuelles, dont il seroit impossible de prévoir les résultats.

On avoit pensé que les matrices de la contribution foncière, existantes à l'époque des ventes, pourraient fournir des indications suffisantes. Nous y avons recouru, et il nous a été démontré qu'il fallait encore renoncer à cette voie. Les états de section, les matrices de rôles, et les rôles de 1793, n'existaient plus dans une grande partie des départements. Le renouvellement de ces états ayant été opéré en 1797, en 1801, en 1802, et depuis, les matrices primitives ont été considérées comme inutiles, et n'ont pas été conservées. Au surplus leur incroyable inexactitude, que tout le monde connaît depuis long-temps, ne permet guère d'en regretter la perte.

Il a donc fallu recourir à d'autres moyens, chercher, dans les actes qui étaient en notre pouvoir, des documents positifs qui fussent de nature à écarter toute possibilité d'arbitraire, et qui offrissent toutes les garanties que peut comporter cette difficile opération.

Les ventes des biens d'émigrés ont commencé en 1793 ; elles ont continué pendant près de dix ans. Elles ont été faites contre des assignats, contre des mandats, contre des bons de remboursement des deux tiers, contre des bons du tiers consolidé, contre du numéraire. La valeur représentative des propriétés vendues a donc subi toutes les chances et les variations qui se rattachent aux époques, aux localités et à la valeur des monnaies diverses reçues en paiement.

Les aliénations ont été opérées en vertu de lois différentes et nombreuses qui ont prescrit des formes diverses plus ou moins favorables à l'évaluation des prix.

Vous concevrez aisément, Messieurs, combien il était difficile de saisir, au milieu de tant d'incertitudes et d'embarras, une base satisfaisante à laquelle on pût s'arrêter avec quelque sécurité.

Celle qui se présentait avec le plus d'avantage était incontestablement le revenu de 1790 régulièrement constaté. Evalué en numéraire, d'après des documents alors réunis, et à peu près certains, le revenu de 1790 offrait un point de départ d'où l'on pouvait arriver à la vérité.

Cette base se retrouve dans les ventes faites depuis la loi du 12 prairial an III. Toutes les lois postérieures à cette époques, prescrivent l'indication dans les procès-verbaux du revenu en numéraire, valeur de 1790.

L'élément principal de cette fixation était pris dans les baux à ferme. On faisait entrer dans la composition du prix tout ce que le fermier était tenu de payer, ou de faire : les impositions, les charrois, les corvées. On y comprenait même les dîmes, les droits féodaux et toutes les autres charges imposées par le bail au fermier, et dont la suppression, récemment ordonnée, devait tourner au profit du propriétaire.

A défaut de baux seulement, on recourait au rôle de la contribution de 1793, qui était alors en vigueur; enfin, pour les maisons et usines, des experts étaient chargés d'en faire l'estimation en capital et en revenu, valeur de 1790.

Telles étaient les bases prescrites par la loi du 28 ventose an IV, en vertu de laquelle a été faite la partie la plus considérable des ventes, et par les lois postérieures. L'exécution de ces dispositions se retrouve dans tous les procès-verbaux faits depuis cette époque.

Ces lois ont varié suivant les monnaies et les circonstances, pour la formation du capital à l'aide de la multiplication du revenu. Les uns forment un capital de soixante-quinze fois le revenu, d'autres de vingt-deux fois pour les immeubles ruraux et de dix-huit pour les maisons; on en trouve qui le portent à seize, d'autres à dix et à six; mais le point de départ est toujours demeuré le même, c'est le revenu de 1790; et ce point de départ offre un moyen facile de fixer la valeur numéraire des immeubles vendus.

Les ventes faites en exécution de ces lois sont au nombre de 81,455. Le revenu des fonds compris dans ces ventes, évalué dans les procès-verbaux, s'élève à 34,620,380 fr. 79 c. En multipliant ce revenu par 20, c'est-à-dire dans la proportion juste et ordinaire, on trouve une somme capitale de 692,407.605 fr. 80 c. Cette somme représente, avec autant d'exactitude qu'il est possible de l'espérer, la valeur des immeubles vendus. L'application de cette règle porte sur plus de la moitié, en somme, des ventes opérées; mais il a fallu recourir à d'autres voies pour les adjudications antérieures au 12 prairial an III.

Les premières lois qui ordonnèrent la vente des biens des émigrés, n'avaient pas prescrit l'évaluation du revenu de 1790; elles n'avaient ordonné qu'une simple estimation des lots mis en vente.

Quelques procès-verbaux faits en exécution de ces lois contiennent bien l'indication des baux de 1790, comme élément de l'estimation de la propriété; mais ce sont là des exceptions qui ne pouvoient pas servir de règle.

L'administration des domaines a fait faire par ses agents des recherches de toute espèce, afin de déterminer, par d'autres documents que les procès-verbaux, les revenus de 1790. L'opération demandée a été faite; mais ceux qui y ont présidé dans les départements ont fait connoître l'insuffisance des moyens qu'ils ont pu employer, et le peu de garantie qu'offraient les résultats.

On a alors cherché une base dans l'estimation qui avait précédé l'adjudication, en appliquant le tableau de dépréciation au montant de l'estimation, et au jour où elle a été faite; mais on s'est aisément convaincu du peu d'exactitude de ces opérations, et on a reconnu que le prix de l'adjudication déterminé par les enchères se rapprocheroit davantage de la vérité.

Pour obtenir ce résultat, il fallait appliquer, non comme on l'a fait habituellement, le cours des jours où les paiements successifs ont eu lieu, ce qui ne laissoit au prix stipulé aucune valeur déterminée, mais celui du jour où l'adjudication a été faite. On a fait cette application à l'aide de l'échelle de dépréciation dressée à la trésorerie, et on est demeuré convaincu encore qu'elle ne donnait pas au produit une valeur approximative de celle de l'immeuble.

Un nouvel essai a été alors tenté, et celui-là étoit indiqué par les réflexions les plus justes et les plus naturelles.

Pendant la durée des assignats, rien n'a été plus mobile, plus varié, plus indécis, que le cours de cette monnaie. Soumis à l'action immédiate de la politique, tirant toute leur valeur du fanatisme de l'opinion ou de l'empire de la crainte, les assignats ont dû subir dans chaque localité l'influence des partis et des circonstances. On en a la preuve en jetant les yeux sur les tableaux de dépréciation rédigés dans les divers départements, et en y voyant que, le même jour, les assignats sont cotés à 75 pour cent dans un département, et à 27 dans un autre.

La raison et la justice indiquaient qu'il fallait recourir à cette voie; que les résultats des adjudications devaient être en rapport nécessaire avec la valeur d'opinion donnée aux assignats dans le lieu où les adjudications ont été faites; que le prix devait avoir été plus ou moins élevé suivant la dépréciation plus ou moins considérable du signe monétaire.

On a donc fait faire aux ventes antérieures à la loi du 12 prairial an III, l'application du tableau des départements où elles ont été consommées. Le résultat de cette opération, dans son ensemble a donné plus du quart en sus de la somme produite par l'application de l'échelle de la trésorerie. Rapprochée ensuite du revenu de 1790, indiqué, mais seulement d'une manière approximative par les directeurs des domaines des départements, il s'est trouvé que cette base donnait pour terme moyen entre dix-huit et dix-neuf fois le revenu.

Nous sommes dès lors demeurés convaincus qu'au milieu des difficultés qui s'offrent ici de toutes parts, il convenait de s'arrêter à ce dernier parti dont nous pouvons vous indiquer les résultats.

Trois cent soixante-dix mille, six cent dix-sept ventes ont été faites sous l'empire de ces premières lois. Le nombre en est beaucoup plus considérable que dans la principale catégorie, parce que les fonds vendus étaient alors beaucoup plus morcelés.

Le produit des adjudications déterminé par l'application de l'échelle de la trésorerie, offrait un capital de 469,306,630 fr. 99 c.

Le même produit, réduit sur le tableau des départements, présente une masse de 605,352,992 fr. 16 c., c'est-à-dire, 136,046, 361 fr. 17 c. de plus.

Le capital formé par la multiplication du revenu de 1970 tel qu'il avait pu être *approximativement* déterminé, se serait élevé à environ 660,000,000.

La différence n'est donc que d'environ 55,000,000.

Tels sont les résultats de la mesure proposée pour la partie des ventes que n'a pas précédée l'indication du revenu de 1790.

Nous ne prétendons pas qu'elle soit sans inconvénients, ni même que les inconvénients qu'elle offre soient légers. Nous reconnaissons que cette égalité apparente que le terme moyen peut offrir, et qui se retrouve dans les masses, ne se retrouvera pas toujours dans les applications de détail; nous ne doutons pas, au contraire, que ces applications ne présentent souvent des inégalités multipliées et considérables.

Ce n'est qu'après avoir fait essayer tous les autres modes que la réflexion, l'expérience, les recherches ont pu indiquer, qu'on s'est déterminé à proposer au Roi celui que nous vous présentons.

Il importait essentiellement, et vous le reconnaîtrez avec nous, de trouver des bases positives, uniformes, dont l'emploi ne pût rien laisser à l'arbitraire, et dont l'application se bornât à une opération matérielle. Le mode proposé offre cet avantage, et vous verrez tout à l'heure qu'il rend la liquidation de l'indemnité aussi simple dans son exécution que sûre et impartiale dans ses résultats.

Convaincus, comme vous le serez sans doute, Messieurs, de la nécessité d'une disposition absolue et générale, et des dangers sans nombre qu'offrirait la multiplicité des catégories et des exceptions, nous avons écarté presque toutes celles qui se sont présentées.

Une seule exception nous a paru devoir être faite pour ceux qui sont rentrés en possession de leurs biens, et vous concevrez aisément, Messieurs, sa justice et sa nécessité.

Ainsi, la loi du 9 floréal an III prescrivait à tout ascendant, dont un émigré se trouvait l'héritier présomptif, de faire, dans un délai déterminé, la déclaration de ses biens et de son passif. L'estimation et la liquidation opérées, on réglait le partage, et la part qu'aurait eue l'émigré, était attribuée à l'État.

C'est ce qu'on appelait le partage des présuccessions.

L'article 20 autorisait l'ascendant à racheter au prix de l'estimation les portions de ses anciens biens réunies au domaine de l'Etat. Ces rachats ont dû être, et ont été en effet assez fréquents.

Dans ce cas particulier, il est évident que la propriété n'a pas changé de maître, que la confiscation n'a coûté au propriétaire et à sa famille d'autre sacrifice que le montant de l'estimation payé pour le rachat de la portion confisquée et que le remboursement de la valeur réelle de la somme payée est la seule indemnité qui doive être accordée.

Aussi nous proposons-nous de décider que dans ce cas l'indemnité sera égale au montant de l'estimation, et que pour fixer la valeur réelle de la somme payée, l'échelle de dépréciation du département pour les assignats et le tableau des cours pour les autres effets publics, seront appliqués à chacune des sommes versées, à la date des versements.

La même règle doit être suivie dans des situations pareilles.

Ainsi, il est arrivé souvent que les parents et les amis de l'émigré ont acheté des biens confisqués, pour lui ou pour sa famille, et que la propriété est ainsi revenue directement à ses anciens possesseurs.

Ce cas particulier est nécessairement compris dans l'exception que nous venons de rappeler. Lorsque l'ancien propriétaire ou ceux qui le représentent auront acquis de l'Etat les biens confisqués sur la tête du premier, l'indemnité sera composée d'un capital égal à la valeur réelle des sommes qui auront été payées à l'Etat.

Enfin, l'émigré ou ses héritiers ont quelquefois racheté leurs anciennes propriétés de ceux qui les avoient acquises.

Dans ce cas, l'indemnité doit être égale à la valeur réelle qu'ils justifieront avoir payée pour le rachat, mais elle ne pourra jamais excéder celle qui est déterminée par les dispositions générales de la loi.

Si la justification n'est pas faite, le prix du rachat sera présumé avoir été le remboursement des valeurs réelles versées par l'acquéreur originaire dans les caisses de l'Etat, et l'indemnité réglée sur cette base.

Telles sont les seules dispositions spéciales que nous a paru devoir contenir le projet de loi. Elles apporteront dans les résultats définitifs quelque réduction qu'il n'est pas possible d'évaluer encore.

Il faudra déduire du capital représentant la valeur des biens vendus, le montant des sommes payées à la décharge des émigrés, et dont la liquidation a été faite, d'abord par les administrations départementales, ensuite par le conseil-général de la liquidation, et enfin par l'administration des domaines. Il a été fait un relevé de ces divers paiements.

On n'a pas compris dans ce relevé les secours donnés aux femmes et aux enfants des émigrés, les gages de leurs domestiques et les autres charges de la même nature , acquittées pour eux par les directoires de district. Ces paiements s'élèvent à 77 millions , mais ils ont été prélevés sur le prix des meubles , sur les revenus des biens séquestrés , et comme l'indemnité ne se compose que du prix des immeubles vendus , on a cru juste de ne pas porter , en dédéduction, des charges étrangères à la propriété et qui ont été prélevées sur d'autres produits.

On a joint seulement aux sommes liquidées par suite de la confiscation des propriétés foncières , les reliquats de décompte versés dans les mains des anciens propriétaires ou de leurs familles , depuis la loi du 5 décembre 1814.

Ces diverses déductions qui devront s'opérer sur le compte de chaque émigré pour les sommes payées à lui ou pour lui , s'élèvent à 309,940,645 fr.

Dans l'état actuel des choses , voici donc ce que présentent les documents que nous avons sous les yeux.

Les biens dont le revenu a été évalué, et dont la valeur se trouve formé par la multiplication de ce revenu s'élèvent à 692,407,615 80

Ceux dont la valeur est déterminée par le prix d'adjudication réduit sur l'échelle des départements , représentent une somme de. 605,352,992 16

La valeur totale s'élève donc à. 1,297,760,607 96

La masse des déductions indiquée par le relevé du passif est portée à. 309,940,645 00

Le capital pour lequel l'indemnité doit être accordée demeure donc fixé à. 987,819,962 96

Ainsi que vous l'avez aisément pressenti , Messieurs , il ne peut être question de payer un capital aussi considérable aux familles dépossédées. C'est un intérêt juste et modéré qui peut leur être alloué, et cet intérêt doit être demandé non aux impôts , mais au crédit; non par un emprunt qui enlèverait une partie des avantages , mais par une émission de rentes au profit de ceux à qui l'indemnité est dévolue.

Le projet de loi tend donc à créer en leur faveur des rentes nouvelles. Ces rentes représenteront un intérêt de 3 au capital de 100.

Dégagé des contributions et de toutes les charges diverses qui pèsent sur la propriété immobilière, un revenu de 3 pour 100 offre au propriétaire devenu rentier un dédommagement équitable; et ce n'est pas à ceux qui ont attendu si long-temps sans murmure et sans plaintes , qu'il sera nécessaire de faire remarquer qu'il s'agit pour le pays de faire reconnaître près d'un milliard de capital et de créer 30 millions de rente.

Il vous est donc proposé, Messieurs , d'autoriser l'émission de 30 millions de rente 3 pour 100.

Vous concevez aisément encore que cette émission ne peut être simultanément opérée. Trop de fortunes , trop d'éléments de prospérité , sont attachés au crédit, pour qu'il soit permis de le compromettre par des mesures précipitées et imprudentès. L'intérêt de tous , l'intérêt particulier de ceux à qui des dédommagements vont être offerts , commandent des précautions et des ménagements.

C'est dans le crédit qu'ils trouveront l'accroissement naturel de leur propriété nouvelle. L'atteinte que ne manquerait pas d'y porter une émission disproportionnée, ferait passer dans leurs mains des valeurs affaiblies ; et cette exécution empressée, loin de les servir, leur serait évidemment funeste.

Le projet de loi divise par cinquième les rentes dont il propose l'émission.

Les propriétaires dépossédés ou leurs familles, recevront chaque année, à partir du 22 juin prochain, un cinquième du montant de l'indemnité liquidée en leur faveur. Les intérêts de chaque cinquième courront du jour où l'inscription est autorisée par la loi, de telle manière que les embarras et les retards de la liquidation ne pourront , dans aucun cas , porter préjudice à ceux qui les auront éprouvés. Il n'en auront pas moins un droit égal aux intérêts successifs , qui augmenteront chaque année d'un cinquième jusqu'à l'inscription intégrale.

. Telles sont les bases proposées pour l'évaluation de l'indemnité ; tel est le mode qui a paru juste , possible et convenable pour son paiement. Un projet de loi particulière et purement financière, vous fera connaître tout à l'heure les moyens à l'aide desquels le Gouvernement croit pouvoir, dans l'intérêt commun , régler et assurer l'exécution de ces mesures.

Après avoir ainsi déterminé l'indemnité, le projet de loi qui nous occupe a dû indiquer ceux qui sont appelés à la recueillir , et tracer les règles à suivre pour la liquidation.

Les premiers dont il reconnaît les droits, sont les anciens propriétaires; et sur ce point, il ne saurait y avoir de difficulté.

A leur défaut, il admet les héritiers en ligne directe ou collatérale, suivant l'ordre de successibilité , qui seraient appelés à représenter l'émigré à l'époque de la promulgation de la loi.

Le principe de la loi actuelle , l'esprit dans lequel elle est conçue ne laissent aucun doute sur la nature de l'indemnité allouée. Elle est la représentation de l'immeuble confisqué; elle est le remboursement d'une valeur injustement perçue. Sa cause se rattache donc à la propriété , et le droit qu'elle consacre aujourd'hui a sa source dans la confiscation consommée depuis trente années.

L'indemnité semblerait dès lors pouvoir être considérée comme ayant toujours fait partie des biens ou des actions possédés par l'ancien propriétaire, et de là on pourrait conclure, d'une part, qu'elle aurait pu être comprise dans une disposition testamentaire ; de l'autre, que son application devrait être faite à ceux des héritiers qui auraient été appelés par les lois existantes à l'époque où la succession s'est ouverte.

Les plus puissantes considérations nous ont paru s'élever contre l'admission de cette conséquence.

Le droit reconnu et consacré par la loi actuelle n'a formé long-temps qu'une espérance légitime, qu'une expectative juste et naturelle, mais qui, aux yeux de la loi civile existante, n'était pas de nature à être comprise dans la disposition de l'homme et ne peut être présumée y avoir été comprise.

D'un autre côté, en faisant remonter l'application de la loi actuelle à l'ouverture des successions respectives des anciens propriétaires, nous manquerions le but que nous devons chercher à atteindre.

C'est en faveur des enfants, et à leur défaut des parents les plus proches, c'est en faveur de ceux qui représentent *de plus près* l'homme dépossédé, que les remises de confiscations ont toujours été prononcées, à quelque titre qu'elles fussent faites, soit de don, soit de restitution, soit de désistement.

C'est aussi aux familles dépouillées, aux familles que la révolution a frappées, que vous destinerez l'indemnité que le projet de loi prépare.

Si vous faites rétroagir son application, vous trouvez dans un intervalle de trente années trois législations différentes, sous l'empire desquelles la succession devra être divisée, et ensuite sub-divisée toutes les fois qu'elle aura été ouverte à plus d'un degré.

Ainsi vous n'appelleriez pas les parents les plus proches, ceux qui forment réellement la famille, ceux à qui vous destinez le dédommagement, mais les représentants des héritiers, lesquels seraient souvent aujourd'hui étrangers à l'ancien propriétaire.

Ce n'est point ainsi qu'a été comprise et exécutée la loi du 5 décembre 1814. Son art. 2 portait que les biens non vendus seraient rendus en nature à ceux qui en étaient propriétaires ou à *leurs héritiers ou ayants-cause*. La loi ne contenait aucune autre indication.

Des difficultés se sont élevées entre les héritiers et les légataires, et la jurisprudence de la cour de cassation s'est prononcée en faveur des premiers.

Mais l'application a été constamment faite par la commission instituée pour l'exécution de la loi, aux héritiers actuels, à ceux qui représentaient l'ancien propriétaire à l'époque du 5 décembre 1814, et aucune réclamation ne s'est élevée à ce sujet.

Ce qui a été fait pour les remises des biens en nature, nous a paru devoir être fait encore pour l'indemnité représentative des biens vendus, non à cause du principe qui a pu déterminer cette exécution, mais à cause de l'exécution elle-même ; il ne nous a pas semblé possible d'admettre que le partage des biens provenant du même individu, pût être réglé par deux lois opposées, et opéré entre des héritiers différents.

Tels sont en substance les motifs qui ont déterminé la disposition que contient le projet de loi ; disposition importante dont l'examen appellera votre attention tout entière.

Après avoir ainsi établi les conditions de l'admission , la loi doit régler le mode à suivre pour parvenir à la liquidation. La marche sera simple et facile.

Les anciens propriétaires ou leurs héritiers se pourvoiront devant le préfet du département où sont situés les biens-fonds vendus. Ils joindront à leur demande les titres et les actes propres à établir leur qualité et les droits que cette qualité leur donne.

Le préfet transmettra la demande au directeur des domaines. Celui-ci dressera les bordereaux d'indemnité conformément aux dispositions que nous avons déjà fait connaître.

Ces bordereaux contiendront le nom de l'ancien propriétaire , la désignation des biens vendus , et la date des ventes. Ils contiendront ensuite l'indication du montant de l'indemnité déterminée par les art. 2, 3, et 4 de la loi , selon la classe à laquelle appartiendront les biens désignés.

Ces opérations n'auront rien d'embarrassant ni de difficile ; elles reposent toutes sur des actes authentiques et sur des calculs positifs : elles ne peuvent , dans aucun cas , prêter à l'arbitraire ou à la partialité.

Le préfet transmettra les pièces et le bordereau au ministre des finances. Il y joindra son avis tant sur les droits et les qualités des réclamants, que sur les énonciations des bordereaux.

Le ministre des finances fera vérifier le montant des soultes , des dettes , des compensations , des reliquats de décompte , dont se compose le passif de chaque émigré , et il en fera dresser l'état.

Le bordereau et l'état seront transmis à une commission chargée d'en apprécier l'exactitude et la régularité.

Nous avons pensé qu'il convenait que cette commission fût composée d'hommes qui , par leur position sociale , leurs lumières , la nature de leurs travaux habituels, offrissent la plus rassurante garantie de justice et de capacité. Le projet de loi y appelle des ministres d'état , des conseillers d'état, des maîtres de la cour des comptes , et enfin des maîtres des requêtes, pour y remplir les fonctions de rapporteurs.

Vous jugerez aisément , Messieurs, du degré de confiance que méritera une semblable réunion.

Son premier devoir sera de s'assurer des droits et des qualités des réclamants.

Si elle pense que leurs titres sont insuffisants, que leur justification est irrégulière, ou si, en sa présence, il s'élève des contestations entre eux sur leurs droits respectifs , elle s'abstiendra de statuer. Comme alors il s'agira de prononcer sur des questions d'état et de qualité , ou de faire reconnaître des droits dont l'examen n'appartient qu'à l'autorité judiciaire , elle renverra les réclamants à se pourvoir devant les tribunaux.

Les tribunaux statueront , après avoir entendu le magistrat qui remplit auprès d'eux les fonctions du ministère public.

Quand la justification des qualités aura été reconnue suffisante, ou quand il y aura été statué par les tribunaux, la commission ordonnera la communication aux intéressés des bordereaux dressés dans les départements, et de l'état des déductions opérées par le ministre des finances ; elle recevra les mémoires et observations, et procédera ensuite à la liquidation définitive, conformément aux bases déterminées par la loi.

Cette opération terminée, elle donnera avis de sa décision aux ayant-droit, et elle la transmettra au ministre des finances, qui devra faire opérer l'inscription de rente dans les délais qui ont été prescrits.

Avec des bases certaines et les facilités d'une application purement matérielle, les précautions qui viennent d'être indiquées, paraîtraient sans doute suffisantes pour offrir une entière sécurité.

Cependant, le projet de loi prévoit encore la possibilité d'une erreur, et, dans ce cas, il ouvre, et aux réclamants et au ministre des finances, défenseur naturel des intérêts du Trésor, la voie du recours devant le Roi en son conseil d'état.

Telle est, Messieurs, la marche tracée pour parvenir à la liquidation des indemnités. Nous avons espéré qu'elle vous paraîtrait convenable et satisfaisante.

Nous avons parlé jusqu'à présent des confiscations immobilières, en les rattachant uniquement à l'émigration. Les émigrés ne sont cependant pas les seuls sur lesquels se soit appesantie cette funeste mesure; et les ventes, dont les résultats vous sont déjà connus, comprennent deux autres classes dont il importe de vous entretenir en peu de mots.

Indépendamment de ces bannis qui nous ont occupés, la révolution a eu aussi ses déportés ; les déportés ont vu également leurs biens vendus et leurs familles dépouillées et ruinées. Il est presque inutile de dire que les dispositions que nous venons d'indiquer leur sont applicables et doivent leur être communes.

Ce n'est pas tout; d'autres familles dont la ruine se rattache à des souvenirs plus douloureux encore, partageront aussi avec les premières les effets de votre justice.

Pendant la durée des fureurs révolutionnaires, la confiscation a toujours suivi et presque toujours expliqué la mort : personne n'a oublié cette *monnaie sanglante* que la révolution s'applaudissait de frapper sur nos places publiques.

Les biens des condamnés furent aussi confisqués et mis en vente.

Cependant, ceux qui avaient dépouillé les victimes ne tardèrent pas à reculer devant leur propre ouvrage.

Des lois du 13 ventose et du 21 prairial an III, abolirent les confiscations prononcées contre les condamnés ; elles ordonnèrent la restitution des biens non vendus, et pour tenir lieu aux familles des propriétés dont la vente était déjà consommée, elles leur accordèrent, en remboursement du prix, *des bons au porteur* admissibles seulement en paiement de biens d'émigrés. Ces *bons* ont pu être depuis compris dans la liquidation de la dette publique, et à défaut de liquidation, ils ont été frappés de déchéance.

En considérant les héritiers des condamnés comme de simples créanciers de l'Etat, il est certain que leurs réclamations pourraient être écartées; un sentiment impérieux nous a avertis qu'une pareille rigueur serait une véritable injustice, et la voix de la raison a confirmé en nous le cri du cœur et de la conscience.

Nous avons pensé que ce dédommagement illusoire laissait subsister la confiscation avec toute sa cruauté et toutes ses conséquences, et que c'était là le mal auquel nous devions apporter un remède. Nous avons jugé qu'il était impossible d'opposer une réparation de ce genre aux enfants des victimes, et de déclarer que les plus malheureux étaient les seuls pour lesquels le jour de la justice ne devait apporter aucune consolation.

Le projet de loi comprend donc les familles des condamnés, et celles des déportés, dans la mesure réparatrice. Seulement, il a paru juste de déduire de l'indemnité qui doit leur être appliquée, la valeur réelle *des bons au porteur* qu'ils peuvent avoir reçus. Cette valeur sera déterminée par le cours du jour, où la remise leur en a été faite. Ainsi, la loi actuelle, sévère dans son équité, ne leur accordera que le supplément nécessaire pour les placer dans une situation semblable à celle des autres propriétaires dépossédés.

Après nous être occupés des diverses classes de propriétaires, il a été de notre devoir de porter aussi notre attention sur le sort de quelques propriétés particulières.

Tous les biens confisqués au préjudice des émigrés n'ont pas été vendus par l'Etat. Il en est quelques-uns dont il a disposé en faveur des hospices et autres établissements de bienfaisance.

Les lois de la révolution avaient dépouillé les hospices de leurs biens et de leurs revenus. Celle du 16 vendémiaire an V leur rendit ceux qui n'avaient pas été aliénés, et ordonna que les autres seraient remplacés par des domaines nationaux du même produit.

En vertu de cette loi, des biens furent définitivement concédés aux hospices sur une estimation préalable; d'autres leur furent affectés par des dispositions provisoires.

La loi du 5 décembre 1814 s'occupa de ces propriétés; elle déclara excepter de la remise les biens dont il avait été *définitivement* disposé; elle ajouta, en ce qui touchait les biens qui n'auraient été que *provisoirement* affectés aux hospices, que la remise pourrait en être faite lorsque ces établissements auraient reçu un accroissement de dotation égal à la valeur de ces biens.

Tel est l'état de la législation à ce sujet. La distinction faite par la loi du 5 décembre 1814, prescrivait clairement la mesure qu'il convenait d'adopter aujourd'hui.

Nous vous proposons de déclarer que les anciens propriétaires des biens donnés en remplacement aux hospices auront droit à l'indemnité. Ici, la base était facile à trouver, puisque la concession a été précédée d'une estimation, et que cette estimation a été faite en numéraire.

Quant aux biens qui n'ont été que *provisoirement* affectés aux hospices, le projet de loi porte que les anciens propriétaires pourront en demander la remise, en offrant de transmettre à l'hospice détenteur l'inscription de rente 3 pour 100 égale au montant de l'estimation qui lui aura été accordée à titre d'indemnité.

Tous les intérêts se trouvent ainsi garantis.

· Les hospices ont reçu les biens provisoirement cédés, pour une valeur égale au prix de l'estimation. En leur offrant ce prix, on ne leur porte aucun préjudice, et la loi pourvoit à tout en ordonnant que la remise des biens ne sera opérée que lorsque la rente aura été inscrite en entier en faveur de l'ancien propriétaire.

C'est ainsi, Messieurs, que le projet de loi a pourvu par des dispositions spéciales à tout ce qui n'étoit pas prévu par le droit commun, et que sa sollicitude s'est étendue aux diverses classes de propriétaires et aux différentes catégories où se trouvent rangées les propriétés.

Un autre objet également important et digne d'intérêt, a appelé aussi notre attention, et mérite toute la vôtre.

Vous connaissez, Messieurs, la situation des émigrés relativement à ceux de leurs créanciers, dont les titres remontent à une époque antérieure aux confiscations.

Vous savez que les biens confisqués furent déclarés affranchis de toutes charges et vendus libres d'hypothèques, et que les créanciers dont ces biens étaient le gage, furent déclarés créanciers de l'Etat.

Parmi ces créanciers, il en est un grand nombre dont les titres ont été liquidés, et qui ont été admis à les faire recevoir en paiement de biens nationaux ou à les convertir en inscriptions sur le grand-livre de la dette publique.

D'autres, au contraire, ont été frappés de déchéance, faute d'avoir fait dans les délais prescrits les justifications ordonnées.

· Au retour des émigrés, les créanciers non liquidés ont dirigé contre eux des poursuites, soit sur les biens qui leur étaient rendus, soit sur leurs autres propriétés.

. La loi du 5 décembre 1814, prononça un sursis d'une année à toutes actions de la part des créanciers sur les biens dont elle ordonnait la remise, en les autorisant néanmoins à faire tous les actes conservatoires.

Le droit qu'ont aujourd'hui les créanciers non payés par l'Etat, de poursuivre leur paiement sur les biens possédés par leurs débiteurs, résulte des principes généraux, de la législation intermédiaire et de la disposition même de la loi du 5 décembre 1814; mais l'exercice de ce droit nous semble pouvoir être restreint dans de justes bornes, en ce qui touche l'indemnité qui fait l'objet de la loi actuelle.

La confiscation remonte à plus de trente années; pendant ce temps, l'Etat a joui des fruits de l'immeuble ou des intérêts du prix. Il ne rend aujourd'hui qu'une valeur approximative du principal et il retient tous les revenus. En augmentant les ressources du débiteur et en offrant ainsi au créancier des garanties nouvelles, le pouvoir législatif peut et doit prendre en considération leur position respective.

Nous croyons que c'est être équitable envers tous les deux, que de n'admettre l'opposition à la délivrance de l'indemnité de la part des créanciers antérieurs à la confiscation, qu'à concurrence du capital seulement, et sans intérêts pour le passé.

Remarquez bien, Messieurs, que le projet de loi n'entend faire porter cette restriction que sur l'indemnité. Elle ne porte aucune atteinte aux droits qui peuvent résulter en faveur des créanciers, des titres dont ils sont nantis, ni aux actions qui peuvent leur appartenir sur les autres biens dans l'état actuel de notre législation.

Elle règle seulement dans un esprit d'équité, qui doit présider à toutes les dispositions d'une loi de réparation et de conciliation, la part réservée au créancier qui fut privé de son gage, sur l'indemnité accordée au propriétaire qui fut dépouillé de son bien.

Il nous semble qu'il y a dans la disposition proposée quelque chose d'équitable qui doit satisfaire la conscience, en maintenant les principes.

Il ne nous reste plus à vous entretenir que d'une dernière disposition dont vous apprécierez la convenance.

Il importe que la France connaisse dans un délai déterminé l'étendue précise, certaine et positive du sacrifice qu'elle se sera imposé; il ne serait ni juste ni politique qu'elle demeurât exposée à des réclamations sans terme.

Nous avons donc pensé qu'il convenait de fixer un délai après lequel les réclamations ne seraient plus admises. Ce délai doit être combiné de manière à laisser aux intéressés toute la latitude nécessaire pour connaître la loi, rechercher leurs titres et réparer leurs réclamations.

Nous vous proposons d'accorder un an à ceux qui habitent le royaume, dix-huit mois à ceux qui se trouvent dans les autres États de l'Europe, et deux ans à ceux qui habitent hors d'Europe.

La loi détermine en conséquence le mode d'après lequel la date des réclamations sera constatée.

Tel est, Messieurs, dans son ensemble et dans ses détails, le projet de loi que nous venons soumettre à votre examen et dont nous vous demandons l'adoption.

Simple dans son principe comme la justice et la vérité, le grand ouvrage auquel vous êtes appelés à concourir offrait dans son exécution des difficultés réelles que nous n'avons pas cherché à vous dissimuler.

Le Roi compte, Messieurs, pour les aplanir, sur le concours de vos lumières et de votre patriotisme. Un acte de justice destiné à réparer de grands maux, une œuvre de paix et de conciliation propre à effacer les traces de nos divisions intestines doit trouver en vous des appuis.

C'est le dernier vœu du monarque législateur dont la France chérit et vénère la mémoire.

C'est, vous l'avez dit, un legs pieux dont il a chargé son héritier, et que le Roi vous propose de reconnaître et d'acquitter avec lui.

N. B. Voir le projet de loi à la suite du discours suivant.

RAPPORT

FAIT

AU NOM DE LA COMMISSION

Chargée de l'examen du projet de loi relatif à l'indemnité à accorder aux anciens propriétaires de biens-fonds confisqués et vendus au profit de l'Etat, en exécution des lois sur les émigrés; par M. Pardessus, député des Bouches-du-Rhône. (Séance du 11 février 1825.)

MESSIEURS,

L'INDEMNITÉ des propriétaires des biens-fonds confisqués par l'effet des mesures révolutionnaires, a été depuis quelques semaines l'objet de l'examen de vos bureaux; elle va devenir celui de vos discussion et de vos délibérations.

Le Roi, dont la France porte le deuil et vénère la mémoire, n'avait jamais perdu de vue ce grand acte de justice et de politique; il vous annonça que le moment de l'accomplir était arrivé, dans cette séance solennelle, la dernière où, entouré des pairs et des députés, il ait adressé la parole à son peuple. L'auguste héritier de sa couronne s'est empressé d'exécuter cette volonté sacrée; il vous propose d'achever une réparation qui n'avait pu être que commencée en 1814.

Nous avons été chargés d'examiner le projet présenté par les ministres dans la séance du 3 janvier; nous venons vous rendre compte de notre travail.

Pour nous écarter le moins possible de l'ordre adopté dans ce projet, nous commencerons par ce qui concerne l'indemnité en elle-même.

La confiscation par suite de condamnations capitales, avait été abolie par des lettres-patentes du 21 janvier 1790; elle fut rétablie les 30 août (1) et 2 septembre 1792 (2), non telle qu'autrefois, comme peine d'un crime défini, mais comme acte de vengeance et

(1) Loi qui prononce la confiscation des biens de ceux qui seraient convaincus d'avoir excité et fomenté des troubles.

(2) Loi qui déclare les biens des émigrés, dès à présent, acquis à la nation.

moyen de salarier les fureurs populaires ; non comme l'effet d'une condamnation individuelle, mais comme résultat d'une proscription en masse.

Un intervalle de trente mois, au plus, sépara ces deux époques. Mais ce court intervalle fut un siècle de malheurs et de crimes ; de la prison des Tuileries, le monarque était passé dans les cachots du Temple, et la hache fatale était déjà suspendue sur des têtes sacrées.

Deux voies furent ouvertes à la confiscation : l'inscription sur la liste les émigrés, dont l'effet était de dépouiller le propriétaire et sa postérité, pendant un demi-siècle, même d'ouvrir les successions de ses père et mère vivants ; les condamnations, qui atteignaient ceux à qui on ne pouvait appliquer les lois contre l'émigration.

Ces deux moyens reçurent toute la force que la haine et l'artifice pouvaient leur procurer. Des attentats de tout genre, des violences de toute espèce forçaient à l'émigration, parce qu'on voulait confisquer. Des justifications de résidence compliquées, variant sans cesse et presque toujours impossibles à faire avec exactitude, furent exigées de ceux qui ne fuyaient pas. Des arrestations arbitraires empêchaient de renouveler les preuves de résidence, et à défaut de ces preuves, on était inscrit sur les listes. Bientôt les mesures individuelles parurent trop lentes. Des classes de Français (1), des villes, des populations entières (2) furent déclarées émigrées, précisément pour des causes qui supposaient et prouvaient que les individus, atteints par ces mesures atroces, n'avaient pas quitté la France.

La tyrannie ne fut pas moins ingénieuse pour atteindre ceux que leur âge, leur sexe, le désir de ne pas quitter la terre natale, et l'observation de toutes les formes, avaient sauvés de la fatale inscription. La révolution proclama son Code pénal contre ceux qu'elle appelait ses *ennemis* (3) ; elle les proscrivit sous le nom d'*aristocrates* (4), de *conspirateurs* (5), de *traîtres* (6) ; le but de la confiscation fut encore rempli (7).

Les maux que la confiscation (8) a produits ne sont, toutefois, qu'une partie des désastres qui ont pesé si douloureusement sur la

_____

(1) Décret du 22 ventose an II, qui assimile aux émigrés les ecclésiastiques reclus.

(2) Décret du 4 germinal an II, qui déclare émigrées les femmes et filles d'émigrés qui vendraient leurs biens.

(3) Décret du 23 juillet 1793, qui déclare émigrés ceux qui ne sortiront pas, dans les vingt-quatre heures, des villes de Lyon, Marseille, Bordeaux, Caen, et autres, armées contre la Convention.

(4) Décrets des 9 avril 1793, 23 ventose an II, 22 prairial an II.

(5) Décret du 27 mars 1793.

(6) Décret du 22 frimaire an II.

(7) Décret du 1er août 1793.

(8) Décret du 8 ventose an II, qui confisque tous les biens des ennemis de la révolution.

France ; des siècles d'administration économe et paternelle n'accumuleraient pas les sommes nécessaires pour réparer toutes les pertes, pour acquitter toutes les dettes qu'ont créées les dilapidations de la licence et les prodigalités de la tyrannie ; et de là, peut-être, cette question dont la mauvaise foi et l'esprit de parti peuvent s'emparer, sans doute, mais que des hommes de bonne foi et dépouillés de tout sentiment de haine ont pu faire aussi : « Pourquoi ne s'occuper que » d'une seule espèce de maux ? Pourquoi ne pas restituer à tous ceux » qu'on a dépouillés ; ou si cela paraît impossible, pourquoi rom- » pre cette égalité d'infortunes, sorte de consolation qui semblait » rendre chaque perte plus supportable ? Indemnisez tout le monde, » ou n'indemnisez personne ! N'allez pas réveiller dans un grand » nombre de malheureux, le sentiment de leurs douleurs, en les » rendant témoins de consolations ou de réparations qu'ils ne sont » point appelés à partager ! »

Ces arguments qu'il est facile de rendre spécieux par l'éclat d'une élocution brillante ou l'adresse de sophismes habilement enchaînés, perdent leur force apparente lors qu'on les examine dans le calme de la réflexion ; et, vous le savez, Messieurs, c'est par la raison et non par l'exagération des sentiments, que la société doit être régie.

Ces arguments, qui ne seroient pas même vrais, s'il ne s'agissait que d'exercer des actes volontaires de bienfaisance, le sont bien moins encore lorsqu'il s'agit de réparations ; s'il n'est personne qui osât dire que le nombre excessif des malheureux dispense d'en soulager aucun, qui donc plus hardi, disons mieux plus inconséquent, oserait prétendre que la multitude des injustices commises au nom du peuple, le dispense d'en réparer aucune.

Oui, les révolutions produisent et consomment des injustices si grandes en elles-mêmes, si multipliées par le nombre des victimes, si prodigieusement divisées dans leurs conséquences médiates ou immédiates, que l'imagination, reculant d'effroi devant leur ensemble, n'ose concevoir la possibilité de les énumérer.

Parmi les maux qu'elles enfantent, il en est d'irréparables : il en est qui s'étendent à toutes les classes, depuis le rang le plus auguste, jusqu'aux plus obscures existences.

Mais quand la main de Dieu a cessé de s'appesantir, lorsque le calme reparaît et que l'ordre se rétablit, si, parmi tant de malheurs, il en est dont la trace soit assez visible pour qu'on puisse signaler et ce qu'il faut guérir, et le remède qui convient d'apporter, quel pourrait être le motif de s'y refuser ? De même qu'en logique, on ne doit pas nier une vérité, parce qu'elle se rattacherait à des antécédents ou à des conséquences moins évidentes ; de même, en politique ou en morale, il ne faut pas refuser de réparer une injustice, parce que d'autres aussi révoltantes seraient irréparables ; et la crainte de n'être pas juste en tout et pour tous, ne doit jamais conduire à la conséquence désespérante qu'on ne doit l'être en rien et pour personne.

Obligée de choisir entre des désastres qu'elle voudroit réparer tous, afin que la mémoire en fût abolie pour tous, la société doit arrêter naturellement ses regards sur un malheur qui a réuni tous les autres ensemble, la confiscation des biens des proscrits; non-seulement parce que cette confiscation accumulait sur celui qui en était frappé, et sur sa famille, l'universalité des pertes qui n'ont été supportées que partiellement par les autres citoyens; non-seulement parce que le prix des biens confisqués a servi à supporter des charges auxquelles on n'aurait pu parer que par d'autres taxes et d'autres moyens de finance révolutionnaires, mais surtout parce que la violation du droit de propriété est le plus grand des attentats dans l'ordre civil, celui qui met la société dans le plus imminent péril, puisqu'elle n'a jamais lieu que sous le despotisme ou l'anarchie.

C'est pour constituer et garantir la propriété que la société existe; et l'on peut dire qu'elle est dissoute partout où la propriété cesse d'être respectée. La loi qui a dit, *tu ne tueras point*, est aussi celle qui a dit, *tu ne dépouilleras personne*. C'est lorsque, s'arrogeant le droit de vie et de mort, de prétendus législateurs, installés sur les débris du trône, violèrent le premier de ces préceptes, en créant les mises hors la loi, les proscriptions, les assassinats permanents, qu'ils se crurent en droit de violer le second; et quand l'horreur générale a fait justice de l'une de ces violations, l'autre mériterait-elle plus de respect ou de ménagements?

On est donc amené, par la force des principes, à reconnaître que, de tous les malheurs causés par la révolution, la confiscation est le principal, celui peut-être qui exige le plus impérieusement d'être réparé.

Mais, ne doit-on pas en conclure aussi que toute confiscation doit être réparée, et que la loi qui choisiroit, parmi les victimes d'une mesure également funeste, également odieuse, ne laissant aux uns que les consolations d'une stérile pitié, et rétablissant les autres, si ce n'est dans l'intégralité, du moins dans une partie de leur fortune, s'accuserait elle-même d'injustice?

Au premier examen du projet, votre commission n'a pu se dissimuler que, relatif aux propriétaires de biens-fonds, il passait sous silence ceux dont la révolution a confisqué l'actif mobilier. Elle n'avait pas attendu les diverses pétitions que vous lui avez renvoyées, pour faire valoir le juste intérêt qu'inspirent ceux qui vous ont adressé leurs réclamations. Mais, fixée sans cesse, ainsi que vous le serez peut-être vous-mêmes, sur le principe que l'impossibilité est, pour les États, comme pour les particuliers, une barrière devant laquelle doivent s'arrêter les plus généreuses intentions; convaincue que par suite de sa volonté d'être juste, la France ne saurait être réduite à supporter des charges intolérables, ou qui compromettraient son crédit, que dans une position qui ne permet pas de remédier à tous les maux, il faut avant tout guérir ceux dont l'existence compromet le plus la société, votre commission s'est rendue à la force des raisons qui n'avoient pas permis au Gouvernement de proposer d'indemnité pour les valeurs mobilières confisquées.

Lorsque la société est réduite à faire un choix parmi les désastres à réparer, s'il en est qui, indépendamment des maux *passés* particuliers, sont encore un mal *présent* général, dont le résultat instant et perpétuel soit de former, en quelque sorte, deux peuples dans la patrie, d'entretenir les souvenirs amers des uns et les inquiétudes secrètes des autres, l'existence d'un tel état de choses, les suites qu'il peut avoir, imposent à la politique, non moins qu'à la justice, l'obligation de le faire cesser le plus tôt possible.

Les confiscations de la propriété foncière ont précisément le caractère que nous venons de signaler. Le deuil de l'intérêt, quelquefois aussi vif, souvent plus durable que celui de la nature, s'affaiblit par le temps, si rien n'en retrace l'objet à la mémoire, il s'alimente par les souvenirs et s'accroît par la présence de l'objet ravi; et ce n'est pas sans avoir étudié le cœur humain, que de grands publicistes ont dit qu'après le retour de l'ordre légitime dans un pays agité par de terribles révolutions, le premier, le principal soin du Gouvernement devait être de restituer aux proscrits les héritages qui leur avaient été enlevés, ou de les indemniser de ceux que l'Etat avait transmis à des tiers.

Nous ne croyons pas que le principe sur lequel est fondé le projet de loi puisse être contesté. Mais il nous a paru que l'article premier devait être rédigé d'une manière qui en déclarât plus exactement l'intention, et qui garantît que la totalité de la somme allouée sera consacrée, sans réserve, à l'acquittement de la dette dont nous avons reconnu la justice.

Pour mieux exprimer cette pensée, nous vous proposons de fixer, dans cet article, comme principe, le montant de l'indemnité à la somme de 30 millions de rente, qui, dans l'article 6 du projet, est représenté comme conséquence. En discutant l'article 2, nous aurons occasion de donner quelques développements à nos motifs, que, dans ce moment, nous nous contentons d'indiquer.

L'article second fixe le mode d'évaluation des biens confisqués et aliénés.

Des plans divers ont été communiqués à votre commission; elle a dû se livrer à leur examen; elle a cherché à connaître aussi ceux qui avaient été publiés par la voie de la presse. Elle doit cet hommage à la vérité, qu'elle n'y a pas trouvé une seule idée d'amélioration, un seul mode d'exécution qui n'eût aussi été présenté dans vos bureaux. Il faut en excepter toutefois les plans dont le résultat serait de porter une atteinte quelconque, directe ou indirecte, aux garanties données par la Charte. Votre commission connaît trop vos sentiments et ses devoirs, pour qu'elle se croie permis de vous en rendre compte.

Pour bien apprécier les plans qui vous seront présentés, il importe, avant tout, d'être d'accord sur un point fondamental.

Entend-on que les indemnités doivent être liquidées et payées par l'Etat, à quelque somme que s'élève le total? Veut-on que l'indemnité soit limitée à trente millions de rente.

Dans le premier de ces deux systèmes, il est impossible de se dissimuler à quels dangers on exposerait la fortune publique, quand ce montant total ne devrait point, en dernier résultat, excéder un milliard ; nous ne pouvons méconnaître ce qu'a de fâcheux l'incertitude sur le *quantum* d'une dette qu'on ne peut payer avec des ressources présentes, ou du moins certaines, quoique futures, mais à l'aide du crédit.

Les hommes qui placent leurs capitaux dans les fonds publics d'un État, connaissent son budget ; ils en étudient avec soin les évaluations ; et leur raison, éclairée par leur intérêt, fait promptement justice de tout ce qui aurait un extérieur de prospérité sans consistance, de tout ce qu'il y aurait d'exagéré dans l'évaluation des ressources, de dissimulé dans l'exposé des besoins.

Une fois qu'ils ont reconnu que l'État dont ils consentent à devenir créanciers, balance avec exactitude et fidélité ses dépenses par ses recettes, ils examinent le montant de la dette publique, le moyen d'extinction graduelle, et par conséquent les chances légitimes de hausse dont les effets de cette dette sont susceptibles. Ces calculs, base essentielle de tout crédit, ne tolèrent aucune indétermination ; il faut donc rejeter tout système qui tendrait à laisser de l'incertitude sur le montant de l'indemnité, et reconnaître que l'affectation de 30 millions de rente, est une limite qu'on ne saurait dépasser.

Arrivés à ce point, il s'agit de trouver des bases pour attribuer cette somme à ceux à qui elle est due.

L'exposé des motifs qualifie lui-même votre position : « Les » véritables difficultés commencent à l'exécution de la mesure ».

Vous connaissez les bases que le ministère a choisies ; elles ne paraissent pas, en général, avoir obtenu l'assentiment de vos bureaux. Elles ont été l'objet d'une longue et sévère critique ; plusieurs projets diamétralement opposés ont été présentés en remplacement ; on a paru douter qu'il fût possible de l'améliorer ; on a conçu l'espoir que votre commission en substituerait un autre.

C'est dans cette sorte de préoccupation peu favorable au projet, que nous avons commencé l'examen et la discussion de l'article 2 ; et loin de nous rassurer contre la crainte des inégalités, cet examen et des renseignements qui nous sont parvenus de toutes parts, font craindre que ces inégalités ne soient fréquentes et souvent considérables.

Le projet, comme vous le savez, distingue en deux classes les ventes des biens confisqués.

La première, qui est la seconde dans l'ordre du temps, comprend les ventes faites en vertu du décret du 12 prairial an III, qui avait prescrit qu'aucune adjudication n'aurait lieu sans indiquer le revenu de 1790. Le ministère propose de multiplier ce revenu par 20, et de fixer au capital produit par cette multiplication, le montant de l'indemnité. Cette base qui, au premier coup d'œil, semble n'offrir, ni injustice en elle-même, ni inégalité proportionnelle, n'est pas néanmoins à l'abri de ces reproches. Les lois, qui ne sont pas toujours exactement observées dans les temps de calme et lorsque le gouvernement est puissant, sont bien plus fréquemment violées ou éludées dans les temps d'anarchie. Il est notoire que souvent des administrateurs ou des experts ne déclaraient pas le véritable revenu de 1790, que ce revenu était atténué pour produire une mise à prix ou une estimation plus faibles, et que, de là, résulteraient, dans l'application de la base proposée, des lésions, quoique moins nombreuses que dans la seconde classe dont nous allons vous parler.

Cette seconde classe comprend les ventes antérieures au 12 prairial en 3, pour lesquelles une simple mise à prix, dont le montant était laissé à la volonté des administrations et de leurs bureaux, commençait l'ouverture des enchères. Dans l'impossibilité d'appliquer à ces biens la même règle qu'aux autres, le ministère propose de s'arrêter aux prix d'adjudication réduit d'après l'échelle de dépréciation de chaque département. Mais de fortes objections s'élèvent ; de nombreuses réclamations nous font craindre que certains objets ne soient évalués infiniment au-dessous de ce que produirait, pour des biens de même valeur intrinsèque, la base adoptée pour la première classe, et que d'autres ne dépassent ce résultat.

C'était donc pour vous un devoir d'examiner avec d'autant plus d'attention les projets qu'on proposait de substituer à celui du ministère. Nous allons vous soumettre les résultats de nos réflexions.

Quel que soit le mode d'évaluation qu'on préfère, une fois qu'il est reconnu que la limite de 30 millions de rente ne doit pas être dépassée, on est forcé de choisir entre les deux partis suivants : ou faire évaluer la totalité des biens vendus, afin de répartir les 30 millions sur le capital de ces évaluations, ou distribuer dès à présent ces 30 millions entre les départements, et confier à des pouvoirs locaux le soin de la sous-répartition, d'après les règles qui seraient prescrites.

Dans l'une et l'autre hypothèse, il faut déterminer par quels moyens, et sur quelles bases l'indemnité sera assise.

Les uns ont proposé de faire des estimations *actuelles*, d'après les renseignements, la notoriété et tout ce qui peut éclairer sur la valeur des immeubles, en prenant des précautions de publicité et de contrôle capables de prévenir des fraudes.

Ce système offre tant de difficultés, il ouvre une si vaste carrière aux intrigues, à la corruption, ou lorsque la corruption aura tenté de vains efforts, aux calomnies, qu'il n'est pas possible de l'envisager dans toutes ses conséquences, sans être effrayé.

Les membres de cette Chambre qui appartiennent aux tribunaux, ceux que leurs propres intérêts forcent quelquefois de recourir à des appréciations, connaissent tout ce que les experts éprouvent de difficultés pour déterminer la valeur qu'un bien avait il y a un petit nombre d'années. Que sera-ce lorsqu'il faudra se reporter à trente ans ; recomposer, par la pensée, des domaines extrêmement divisés au moment même de la vente, et bien plus encore subdivisés depuis ; déclarer combien ces corps de biens auraient pu être vendus, si, au lieu de l'être en détail et nationalement, ils l'avaient été en bloc et patrimonialement ; rechercher, par conséquent, dans quel état ils étaient alors, nonobstant tous les changements de forme et de culture qu'ils ont subis ?

Quand on trouverait des hommes qui pourraient et voudraient faire cette opération ; quand on serait sûr que leurs évaluations seront toutes exactes, toutes en proportion les unes avec les autres, n'est-on pas frappé d'autres inconvénients plus graves, peut-être, que signale l'exposé des motifs, et qui ne doivent pas échapper à votre prévoyance ?

D'autres, justement frappés des difficultés que nous venons d'indiquer sommairement, se sont rendus à l'idée, dominante dans cette question, qu'il fallait trouver des bases existantes antérieument à la loi, qui, fussent-elles défectueuses, préviendraient du moins un arbitraire que tant de causes accessoires rendraient funeste. Ils ont proposé d'adopter la contribution foncière de 1791 ou de 1793 ; quelques-uns ont préféré la contribution de 1824.

Un obstacle insurmontable, peut s'opposer à ce qu'on opère d'après les contributions de 1791, 1793 et autres années rapprochées de l'époque des ventes. Le ministère nous a communiqué des pièces qui attestent que, dans la plupart des départements, les rôles de ces années et leurs matrices n'existent plus.

Mais des considérations générales semblent repousser tout projet de se baser sur les contributions.

Vous savez quelle est encore aujourd'hui la disproportion entre les départements. Le ministère est obligé d'avouer que, dans plusieurs, l'impôt est égal au cinquième du revenu réel ; qu'ailleurs, il est à peine du douzième. Ce que vous ne connaissez, comme députés, qu'entre les départements, vous le connaissez, comme membres de conseils-généraux ou d'arrondissements, entre les communes, et, par votre propre expérience, de contribuable à contribuable, dans la même commune.

Cette inégalité était bien autre en 1791 et 1793, puisque tant de rectifications faites depuis cette époque, n'ont pu la réparer encore.

On dira peut-être que l'inégalité n'existera que de département à département.

Mais d'abord, pour être moins patente, elle n'en existera pas moins. Vous savez d'ailleurs que, dans la sous-répartition, les inégalités sont aussi révoltantes que dans la répartition première ; qu'aucun effort humain n'a pu parvenir, jusqu'ici, à trouver le remède ; que si le cadastre a atténué ce mal, de contribuable à contribuable, dans la même commune, cette opération n'était pas faite à l'époque où les biens ont été vendus, et que précisément elle a révélé les vices de répartitions antérieures. Tout nous porte donc à croire qu'il résulterait, de l'emploi de cette base, des inégalités aussi choquantes que celles qui ont fait, et qui devaient naturellement faire accueillir avec défaveur le projet présenté par le ministère.

Supposons, toutefois, qu'elles dussent être moindres, il faut aussi reconnaître que les propriétés acquises par suite des confiscations ne sont point portées sur les rôles et les matrices d'une manière distincte des autres propriétés appartenant aux mêmes contribuables ; les divisions et subdivisions à l'infini, résultat des seules mutations par succession, pendant trente ans, multiplient les difficultés d'une reconnaissance d'identité ; un grand nombre de terrains vagues sont aujourd'hui des propriétés bâties ; des maisons, à leur tour, ont changé de forme, et souvent même elles sont incorporées dans de plus vastes constructions; des objets incultes ont été défrichés et plantés; en un mot, la reconnaissance de chaque parcelle qui n'eût pas été sans difficultés, si on avoit entrepris de le faire trois ou quatre ans seulement après les ventes, exige-. raient aujourd'hui un temps et des travaux immenses.

Et cependant, après qu'on aura vaincu ces premiers obstacles, si l'on croit possible, toutefois, de les surmonter; après qu'on aura reconnu l'identité de 450,000 ventes, avec deux millions peut-être de parcelles provenant des subdivisions; l'application de la contribution payée par chacune de ces parcelles, offrira, toutes les chances d'inégalités dont nous avons déjà parlé, et la répartition de l'indemnité participerait à l'inégalité de celle de l'impôt.

Quelques personnes ont cru qu'on pouvait combiner le prix des ventes, réduit d'après le tableau de dépréciation, avec les revenus de 1790 dûment constatés. D'autres, avouant l'incertitude des bases fondées sur les contributions anciennes et nouvelles, ont désiré que les biens fussent évalués d'après les baux existant en 1790; mais ne pouvant se dissimuler qu'une partie des biens confisqués, lors même qu'ils étaient affermés, ne l'étaient pas par baux qui eussent des dates certaines; qu'une plus grande partie était occupée ou cultivée par le propriétaire, ou à colonage partiaire, ils ont proposé de consulter les registres des mutations, les actes d'acquisition, les renseignements locaux; et, sans le vouloir, ils sont arrivés à proposer des appréciations par jury d'équité. Nous avons répondu suffisamment à tous les projets qui admettraient, ou qui, dans leur exécution, exigeraient ce mode dangereux, tant par les inconvénients qui ont été signalés, que par les dissensions ou les récriminations qu'il enfanterait dans chaque localité.

· Jusqu'ici, nous n'avons envisagé que les évaluations en elles-mêmes, sans considérer leur influence sur l'ensemble de l'opération. C'est sous ce rapport, surtout, que les inconvénients des systèmes proposés se font sentir. Il n'y a, comme nous l'avons dit, que deux hypothèses générales entre lesquelles ou puisse choisir on faire opérer toutes les évaluations, pour arriver à un allivrement, ou répartir, dès à présent, les trente millions de rente entre les départements qui feront ensuite la sous-répartition.

Dans la première hypothèse, tout plan d'évaluation locale et partielle menace l'opération générale d'une sorte d'ajournement indéfini. Lorsqu'il s'agit de répartir un capital sur un autre, il faut que le total de ce dernier soit exactement connu.

Quand nous supposerions dans ceux qui seront chargés des évaluations, quels qu'ils soient, car nous ferons grâce de toutes les difficultés que présenterait la composition des commissions ou jurys d'équité, quand nous leur supposerions un zèle et une assiduité infatigable, quand les bases à suivre par ces appréciateurs seraient simples et faciles à exécuter, nous ne doutons pas qu'il ne doive se passer plusieurs années avant que les ministres soient à portée de proposer au Roi l'allivrement de la répartition.

Mais si l'on ne peut s'empêcher d'avouer que, dans quelques départements , et même dans un grand nombre, des incidents plus ou moins longs, plus ou moins impossibles à prévoir et à prévenir, prolongeront l'opération, jugez du retard qu'éprouvera l'allivrement général , et demandez à chacun de ceux qui, dans le calcul de la réflexion , voudra juger sa position et son véritable intérêt , s'il ne préférerait pas une prompte jouissance accompagnée de quelques pertes, à l'espoir d'une amélioration qu'il faudrait acheter par une si longue attente.

Nous avons supposé encore , que la plus scrupuleuse exactitude aura fait porter tous les biens et partout à leur valeur réelle. Mais n'a-t-on pas à craindre que , dans chaque localité, les personnes chargées du travail, desirant , par l'excès d'un sentiment louable au fond, procurer à tous les ayants-droit de leur département une indemnité plus approximative de la perte réelle, ne surhaussent les évaluations ; qu'on ne fasse précisément l'inverse de ce qui se passe tous les jours sous nos yeux , dans nos provinces, où certaines communes présentent leurs revenus imposables avec une telle atténuation que plusieurs paient une contribution foncière supérieure au revenu qu'indiquent les états de sections.

Dans la seconde hypothèse, la loi distribuerait dès à présent les 30 millions de rente entre les départements, où la sous-répartition serait faite par un moyen qu'elle prescrirait. Ce parti n'a pas, nous nous empressons de le dire, tous les inconvénients que nous venons de signaler. Il préviendrait d'abord la tendance naturelle des localités à grossir les évaluations, pour obtenir une plus forte part dans l'indemnité totale , et les lenteurs ou les retards d'un département ne nuiraient pas aux autres.

Mais d'après quelles bases les Chambres feront-elles la répartition ? On peut concevoir, à la rigueur, en ce qui concerne les contributions directes, comment le Gouvernement, à force de recherches, en combinant un grand nombre de renseignements recueillis de longue main, et par divers agents qui se contrôlaient mutuellement, à pu arriver à croire qu'il connaissait, par approximation , les revenus imposables de chaque département. Au moins il y a quelques bases avouées et reconnues.

En effet, comment savons-nous qu'il y a pour 1,297,760,607 fr. 96 c. de biens aliénés par suite des confiscations ? D'après les bases que le ministre présente , bases que précisément ne veulent pas adopter ceux qui en cherchent d'autres. Comment savons-nous que dans *tel* ou *tel* département, il y a pour *tant* de millions de biens vendus ? Parce que le ministère le croit, d'après les mêmes bases qu'on lui conteste. Sera-ce, néanmoins, d'après ces bases contestées que vous répartirez les 30 millions de rente ? Mais ceux qui le proposeraient seraient inconséquents ! Si ces bases sont inégales et injustes, comme ne donnant pas aux biens vendus leur véritable valeur, comme puisées dans des éléments inadmissibles, elles ne peuvent servir pour une répartition entre les départements. Si les Chambres veulent prendre sur elles la responsabilité de cette répartition, il faut donc qu'elles soient éclairées sur le *quantum* des pertes ; il faudra donc que les tableaux dressés par ordre du Gouvernement, ou tous autres éléments qu'on voudrait y substituer, soient soumis à leur critique et à leur discussion.

Ce n'est pas tout. Les éléments partiels présentés, ou tous autres qu'on y substituerait, ne peuvent faire connaître que le prix des biens aliénés dans chaque département. Les déductions pour dettes ne peuvent y être portées en compte; les dettes n'ayant point été liquidées au lieu de la situation des biens, mais au dernier domicile de celui qui était frappé de confiscation.

Il s'ensuit que les dettes liquidées dans un département, pourraient ne s'appliquer à aucun des propriétaires de son territoire. Il s'ensuit que, dans le département de la Seine, par exemple, domicile de nos plus illustres proscrits, et d'un grand nombre d'anciens propriétaires dont la fortune était en province, on a pu payer des dettes pour des sommes égales ou supérieures aux biens vendus.

Cette seule considération démontre jusqu'à l'évidence, qu'une répartition *a priori* entre les départements n'est pas possible; et l'on est ramené forcément à la première hypothèse, dont nous avons exposé les inconvénients.

C'est ainsi, Messieurs, que l'examen de tous les projets parvenus à notre connaissance, et qui, variés dans les formes, se rattachent, pour le fond ou l'exécution, aux différentes bases générales dont nous vous avons entretenus, nous a conduits à cette triste conclusion, qu'aucun plan n'était exempt d'inégalités nombreuses et considérables; qu'adopter une base dépendante de l'appréciation et de la conscience des hommes, quelque justes et inaccessibles à la faveur qu'on les suppose, ce serait créer nécessairement un arbitraire plus dangereux pour la société, plus malheureux pour les individus, que la plus grande inégalité, la plus grande rigueur des bases qu'aurait posées la loi la moins parfaite; que substituer au projet proposé, d'autres projets qui ne sont pas davantage exempts d'injustices particulières, c'est déplacer les injustices et non pas les prévenir; que, de plus, dans tous ces plans, les résultats de l'opération sont ajournés presque indéfiniment : inconvénient qui ne peut manquer de vous frapper, et qui, la vérité nous commande de le dire, ne se rencontre pas dans le projet présenté par le ministère.

Dans une situation, vraiment embarrassante pour votre justice, si vous n'avez à choisir qu'entre des bases défectueuses qui seraient votre ouvrage, et des bases défectueuses empruntées à des époques qui constituent une de ces nécessités contre lesquelles échouent tous les efforts humains, la prudence vous permet-elle de prendre sur vous la responsabilité d'une inégalité dont vous seriez les auteurs? N'y a-t-il pas plus de sagesse, et peut-être plus de justice, à la laisser retomber sur des mesures antérieures, véritable force majeure à laquelle il faut que tout cède, puisque le passé ne nous appartient plus.

Cependant, si la raison commande de céder à ce qui ne peut être évité, la prudence et la justice s'accordent à prendre quelque précaution pour alléger le mal auquel il n'a pas été possible de se soustraire.

Nous avons examiné s'il ne convenait pas de former un fonds commun, destiné à réparer les lésions énormes et évidentes.

Les inconvénients de cette mesure sont grands; et toutes les difficultés signalées plus haut, pour reconnaître la véritable valeur des biens, se reproduiront lorsqu'il s'agira de vérifier si celui qui se prétend lésé l'a été véritablement, et en quoi il a été lésé.

C'est même par ces considérations, que nous avons renoncé à l'idée séduisante au premier aspect, de prélever sur le capital destiné à l'indemnité une somme pour composer ce fonds commun. Un autre motif nous a portés aussi à la rejeter. Nous n'avons pas l'assurance que la plupart des propriétaires de biens confisqués en recevront l'exacte valeur. Serait-il juste de les obliger à recevoir moins par le seul motif que d'autres, peut-être, seront traités encore plus défavorablement ?

C'est l'État seul qui devrait fournir le fonds commun, véritable complément de l'indemnité. Mais nous avons acquis, comme nous avons eu l'honneur de vous le dire, la conviction que l'État fait tout ce qu'il peut faire, en accordant 30,000,000 de rente. Au-delà il seroit injuste envers les contribuables dont les intérêts doivent être balancés avec les sacrifices que la justice et la politique exigent; il nuiraità son crédit, en se privant des moyens de parer, si des besoins impérieux l'exigeaient, à des dépenses liées à sa propre conservation.

Néanmoins, en restant dans la limite que l'État croit pouvoir atteindre, il est possible de trouver un fonds de réserve.

Les 30,000,000 de rente ne seront pas entièrement absorbés par les indemnités réglées d'après les bases que propose le projet, puisqu'elles n'en portent le capital, toutes dettes déduites, qu'à 987, 819,962 francs 96 cent. Ce capital sera diminué encore par la différence entre le montant de l'indemnité et le prix de simple achat qui doit être payé à ceux qui sont rentrés dans leurs biens. D'autres déductions seront nécessairement le résultat d'un amendement que nous aurons l'honneur de vous proposer sur l'art. 9: les tableaux des biens vendus ne sont pas exempts de doubles emplois résultant des folles enchères; on y a compris des biens qui ne peuvent être considérés comme biens confisqués. Il se peut aussi que les déshérences naturellement présumables, si l'on considère que les confiscations remontent à plus de trente ans, laissent quelques fonds libres.

C'est dans ce reliquat que, sans rien ajouter aux 30 millions de rente proposés au nom du Roi, vous pouvez trouver le fonds commun, et c'est le seul remède que, dans l'état des choses, nous ayons contre les inégalités que l'exécution de l'article 2 peut entraîner.

Des séances nombreuses et assidues ont été consacrées à la discussion de cet article, le plus important, et aussi le plus difficile de la loi proposée. Nous n'avons refusé aucune des lumières qu'on nous offrait; nous les avons provoquées, et nous ne craignons pas de dire à chacun de ceux qui sont appelés pour juger notre travail:

« Si vous connaissez quelque chose de mieux ; n'hésitez pas à le
» faire connaître, vous le devez à la Chambre, à la France, au
» Roi. Nous applaudirons, avec sincérité, à celui qui aura trouvé
» l'heureuse solution du problème que nous avons essayé de ré-
» soudre. Mais si vous reconnaissez que vos plans, vos projets,
» n'auraient d'autres résultats que de substituer des inégalités à
» d'autres inégalités, et de déplacer les inconvénients, au lieu de
» les détruire, acceptez ce que nous croyons le moins défectueux,
» ce qui nous semble entourer de moins de lenteurs une opération
» où la célérité devient une partie de la justice. »

Quelle que soit votre opinion, Messieurs, sur l'article que nous
venons de discuter, il existe une autre classe de confiscations,
dont l'indemnité doit nécessairement être fixée d'après des bases
spéciales.

Vous connaissez la législation dite des *présuccessions*.

À l'instant où la loi de confiscation eut été portée contre les émigrés, leurs ascendants furent soumis aux plus excessives rigueurs (1). Un décret du 17 frimaire an II les frappa d'un séquestre
général ; un autre du 9 floréal an III, ordonna que leur succession
serait partagée à l'avance. Il est bien vrai que, peu après le 11 messidor, l'exécution de ce décret fut suspendue ; mais cette suspen-
sion n'eut point l'effet qu'en attendaient les hommes de bien qui
l'avaient provoquée et obtenue. Le séquestre subsista toujours ; et
ces infortunés furent réduits à regarder comme un bienfait la loi
du 20 floréal an IV, qui leur permettoit de provoquer le partage
de leur propre succession.

L'exécution de ces lois a donc produit une confiscation.

Si les ascendants ont été privés, par ces partages anticipés, d'une
partie de leurs immeubles, que la République ait aliénés à un titre
quelconque, l'indemnité sera due suivant les bases de l'article second du projet ; ou suivant celles que vous jugerez convenable d'y
substituer.

Mais le décret du 9 floréal avait accordé aux ascendants la
faible ressource d'acquérir de la République la portion qui leur
était enlevée au mépris de toutes les lois naturelles et civiles. Plusieurs ont profité de cette faculté. Les biens étant ainsi restés dans
les mains des propriétaires, une partie du mal causé par la confiscation se trouve déjà réparée ; l'équité ne commande rien de plus
que de remettre les choses dans leur état primitif, c'est-à-dire de
réintégrer aux ascendants les sommes qu'ils ont versées ; et ces
sommes ne doivent être réintégrées que telles qu'ils les ont versées,

(1) Loi du 15 août 1792, qui consigne les pères et mères d'émigrés dans
leurs municipalités respectives. — Décret du 12 septembre 1792, qui les
oblige à fournir deux volontaires par chacun de leurs enfants, etc. — Décret
du 28 mars 1793, article 5, qui leur interdit toutes ventes de leurs biens,
et annulent toutes obligations par eux contractées depuis l'émigration de
leurs enfants. — Décret du 10 juillet 1793, qui leur défend d'exploiter ou
vendre leurs futaies. — Décret du 17 septembre 1793, qui les met au rang
des personnes suspectes, dont l'arrestation est ordonnée.

c'est-à-dire, d'après les tableaux de dépréciation, s'ils se sont libérés en papier-monnaie ; d'après le cours des effets publics, s'ils ont payé en cette sorte de valeurs.

L'article 3 du projet ne nous a donc paru susceptible d'aucune objection. Nous avons aperçu, néanmoins, une difficulté dont la solution pourroit, sans doute, se trouver dans la combinaison des principes du droit commun et de l'équité naturelle, qu'il vaut peut-être mieux résoudre dans la loi, pour éviter des procès.

Il est arrivé, quelquefois, qu'à la mort de l'ascendant dont la succession avait été partagée de son vivant, les cohéritiers de l'émigré ont imputé à ce dernier, sur sa part héréditaire, les valeurs que l'ascendant avait abandonnées à la république. Dans le plus grand nombre de successions, les cohéritiers ont consenti que cette confiscation fût considérée comme un malheur de famille ; et les partages ont été faits sans imputation.

Il ne s'agit point de distribuer le blâme ou l'éloge sur ce qui a été fait dans l'une et l'autre circonstances ; il nous a paru qu'une explication devait lever l'incertitude qui pourrait résulter de la généralité du mot *héritiers* inséré dans l'article 7 : que si, dans les arrangements de famille, les cohéritiers de l'émigré lui avaient imputé, sur sa part, ce que la république avait perçu, lui seul aurait droit à l'indemnité ; que si le partage avait été fait sans imputation, elle devrait être attribuée à la succession entière ; c'est l'objet d'un amendement que nous vous soumettrons.

L'analogie nous a conduits aussi à prévoir un cas de restitution omis, involontairement sans doute, dans le projet de loi.

Vous savez que, sous la législation antérieure au Code civil, les enfants du père de famille qui avait institué un héritier, étaient fondés à réclamer contre ce dernier, sous le nom de *légitime*, une portion des biens laissés par leur père. Souvent le testament ou l'acte d'institution fixait la valeur de la légitime ; et même, en quelques provinces, la loi locale ou la jurisprudence laissait à l'héritier institué la faculté de se libérer en argent, malgré les légitimaires. Mais ces coutumes, cette jurisprudence, ont été modifiées par les lois sur les successions, rendues en 1793 et années suivantes. Les légitimaires ont été admis, nonobstant *toutes dispositions contraires*, à réclamer leur légitime en biens-fonds du patrimoine laissé par l'auteur commun.

Dans cet état de choses, un assez grand nombre de légitimaires étant frappés de confiscation, le fisc a exercé leurs droits contre l'institué, et presque toujours ce dernier est parvenu à traiter de la légitime et à en payer la valeur.

Il s'agit maintenant de régler le sort des légitimaires, et d'examiner s'ils peuvent être admis à l'indemnité.

Cette question dépend de la manière dont on envisagera les droits que le fisc a exercés de leur chef.

Si le légitimaire n'avoit qu'une action pour être payé d'une somme d'argent, et si le paiement de la légitime en immeubles était un moyen de libération facultative laissé à l'institué, le légitimaire était, dans la réalité, un créancier d'argent ; et puisque le projet soumis à votre discussion n'est relatif qu'à l'indemnité des propriétaires de biens-fonds confisqués, ce légitimaire ne serait pas admissible. Mais ce système, qui aurait pu être fondé dans quelques cas, et qui, par conséquent, aurait exigé des distinctions, peut-être même des sous-distinctions, si le droit antérieur à la révolution avait subsisté aux temps de la confiscation, ne saurait se soutenir depuis que les lois nouvelles ont attribué aux légitimaires un droit réel à la délivrance d'une partie d'immeubles. Il s'ensuit évidemment que le traité intervenu entre l'institué et le fisc, représentant le légitimaire, a été une vente de la partie indivise de ce dernier dans des immeubles; un traité du même genre que ceux qui ont eu lieu en vertu du décret du 17 frimaire an III, pour les manufactures et autres établissemens de ce genre, indivis avec des personnes atteintes par la confiscation; une composition semblable à celles que les ascendants ont faites pour les portions de leur présuccession attribuées au fisc : car, de même que l'ascendant, obligé d'abandonner une portion de ses immeubles, était admis à la faculté de les garder moyennant un prix d'estimation ; de même l'héritier institué, obligé de fournir la légitime en biens héréditaires, s'est libéré par le paiement du prix d'estimation de cette légitime.

Tels sont les motifs d'une addition que nous avons cru devoir faire à l'article 3.

Une autre espèce d'aliénation de biens confisqués exigeait aussi qu'on fixât des bases spéciales. Elle fait l'objet de l'article 4 du projet.

Cet article prévoit l'hypothèse où un ancien propriétaire aurait acquis ses biens directement, et celle où il les aurait rachetés à des tiers à qui l'État les avait vendus. Il prévoit de même que ceux à qui l'indemnité sera due comme héritiers, auraient pu eux-mêmes acheter ces biens à l'État ou à des tiers.

Le cas où, au moment de la mise en vente nationale, un individu frappé par la confiscation se seroit rendu adjudicataire de ses biens, est rare sans doute. En effet, s'il étoit déclaré émigré, soit parce que sa demande en radiation était rejetée, soit parce qu'elle n'était plus recevable, ou s'il était mis hors la loi, on doit difficilement concevoir comment il serait venu enchérir son bien sous les yeux de l'administration qui pouvait l'envoyer à l'instant à la mort. S'il était en réclamation, les lois, au moins en supposant qu'on les exécutât, suspendaient la vente jusqu'à ce que la réclamation fût jugée.

Toutefois, dans l'état de désordre et d'anarchie qui existait alors, ce cas s'est probablement présenté, puisque le projet de loi l'a prévu.

Mais il est une autre hypothèse beaucoup moins rare, et sur laquelle nous avons cru nécessaire d'appeler votre attention d'une manière spéciale.

Si, par la force de leur position, les anciens propriétaires n'ont pu que rarement se rendre adjudicataires directs des biens confisqués sur eux, souvent ils les ont acquis par des personnes interposées, notamment par leurs ascendants, leurs descendants ou leurs femmes. Assez souvent les spéculateurs, cédant à la force de l'opinion publique, et à cet instinct de justice naturelle dont on ne saurait se défendre à la vue des victimes d'une législation odieuse, ne portaient point d'enchères, lorsqu'un membre de la famille se présentait pour acquérir; quelle que fût l'effervescence dans laquelle on cherchait à entretenir les habitants des campagnes, ils regrettaient souvent cet ancien propriétaire qu'on les excitait à haïr comme ci-devant seigneur, et qu'ils avaient si long-temps chéri comme le père des pauvres. Revenus parfois à leur bon sens naturel, ils faisaient des vœux pour que la femme, les enfants, devinssent acquéreurs d'une terre où ils ne désespéraient pas de revoir un jour le bienfaiteur qu'ils avaient perdu. Et ces vœux n'étaient pas toujours stériles, et plus d'une fois, disons-le pour la consolation de l'humanité, les administrateurs ne furent point étrangers à ces honorables sentiments.

Toutes ces causes ont facilité à un assez grand nombre d'anciens propriétaires les moyens d'acquérir indirectement leurs biens pour un prix inférieur à leur véritable valeur. Serait-il juste, serait-il délicat, que, rentrés dans ces biens autant que leur position le permettait, ils en demandassent le paiement sur les mêmes bases que les autres moins heureux? N'est-il pas convenable d'assimiler à l'acquisition directe l'acquisition par personnes interposées qui a eu lieu, qui devait avoir lieu bien plus fréquemment que par voie directe?

Votre commission n'a pas cru pouvoir se dispenser de vous soumettre cette question délicate, et de vous exposer son avis.

Elle ne se dissimule point ce qu'on peut dire pour établir que ce cas diffère de ceux dans lesquels le père et le fils, la femme et le mari, sont présumés, en droit, ne faire qu'une seule personne; on peut ajouter que plus la législation devenait de jour en jour soupçonneuse et atroce, plus la révolution multipliait ses conquêtes et ses alliances, plus aussi le retour des proscrits devenait incertain; qu'il n'est donc pas naturel de présumer que ceux qui se rendaient acquéreurs de leurs biens, quelque proches qu'ils leur fussent par les liens du sang, les achetassent réellement pour eux.

Mais on peut répondre que, dans le fait, un grand nombre d'anciens propriétaires ont reçu de leurs pères, de leurs enfants, de leurs femmes, les biens achetés par ces derniers; que ceux qui n'y ont pas été réintégrés par actes authentiques en jouissent, au vu et su du pays qu'ils habitent, et que, s'ils ont laissé à la personne interposée le nom d'adjudicataire et le simulacre de la propriété, ce n'a été, sans doute, que pour échapper aux rigueurs d'une législation qui leur avait rendu souvent plus de dettes que de biens.

Nous avons pensé que, dans une matière où l'honneur doit être considéré avant tout, on ne pouvait tolérer ce qui faciliterait à un homme peu délicat les moyens de conserver le bien racheté indirectement pour lui, et de recevoir l'indemnité sur les mêmes bases que si ces biens appartenaient à des tiers.

Un nouveau motif de délicatesse et de justice nous a encore frappés.

Si vous adoptez l'amendement que nous avons proposé sur

l'article 2, la totalité des 30 millions de rente est affectée à tous les propriétaires de biens-fonds confisqués; ce qui en resterait lorsque les indemnités auront été réglées sur les bases indiquées, deviendrait un fonds destiné à réparer les inégalités dont nous ne vous avons point dissimulé la possibilité.

Certes il n'entre point dans notre pensée d'accroître ce fonds de réserve par des injustices : les raisons qui nous ont fait abstenir de proposer un prélèvement nous laveraient de ce reproche. Mais tout ce qui pouvait s'accorder avec la raison et la bonne foi, nous l'avons cru légitime. L'usage des présomptions offre des difficultés, nous ne saurions en disconvenir; toutefois des présomptions qui n'ont rien que de conforme à ce qui arrive habituellement, à ce qui est dans la nature des choses, dans l'ordre des intérêts et des affections, doivent-elles être repoussées par les motifs qu'elles pourraient faillir quelquefois? Etait-il convenable de ne pas prévoir la question dont nous venons de vous entretenir? et dès que nous devions la prévoir, n'étions-nous pas obligés de chercher les moyens de prévenir des résultats que la probité désavoue et condamne?

Les mêmes présomptions ne sont point applicables aux cas où les héritiers de l'ancien propriétaire auraient acquis les biens vendus sur lui. Il n'y a que l'acquisition directe qui puisse leur être opposée; c'est dans ce cas seulement que leur indemnité doit être réduite à la valeur de ce qu'ils ont déboursé. Nous sommes, en cela, entièrement d'accord avec le projet de loi.

Tel est le résultat de nos réflexions sur la partie qui concerne la fixation de l'indemnité et sa répartition.

Nous ne pouvons quitter ce sujet sans vous rendre compte des efforts que nous avons tentés pour améliorer l'art. 5, en attribuant aux ayant-droit l'intérêt des liquidations à compter du 22 juin prochain.

Plusieurs bureaux en ont exprimé le vœu, et ce faible soulagement semble bien dû à des hommes privés pendant trente ans de leur fortune, à qui on ne fait aucune restitution de fruits, de mobilier, de créances actives touchées pour eux, et dont la propriété immobilière se trouve convertie en une rente de trois pour cent, qui ne peut atteindre le pair que par une longue succession de temps, de paix et de bonne administration financière.

Lorsque nous faisons valoir tant de raisons de justice, nous oserions dire tant de raisons de convenance, si on se rappelle combien on fut prodigue de capitaux et d'intérêts envers les créanciers de de l'arriéré et des cent jours, il n'y avoit qu'une seule réponse devant laquelle nous puissions fléchir. Cette réponse, Messieurs, nous avons eu déjà occasion de la faire plus d'une fois; peut-être nous serons encore obligés de la répéter : c'est la nécessité.

Vous avez entendu votre Roi annoncer que la mesure d'indemnité ne donnerait lieu à aucune augmentation des impôts existans, et que même elle n'empêcherait pas de préparer des décharges pour les contribuables; vous l'avez entendu promettre qu'il n'en résulterait aucune réduction sur les dotations des services publics, et chacun de vous applaudissait à ces paroles, et chacun de ceux qui avaient quelque intérêt à l'indemnité jurait, dans son cœur, d'étouffer toute réclamation qui contrarierait cette promesse; de consentir personnellement tous les sacrifices nécessaires pour en assurer l'exécution.

Nous avons demandé, nous avons obtenu communication des projets du budget qui vous sera présenté bientôt. Nous avons reconnu que si les dépenses sagement fixées, les revenus évalués sans exagération, présentaient non-seulement une balance, mais encore un léger excédant de recette, cette position serait détruite par la nécessité de faire les fonds destinés à payer la totalité des intérêts à compter du 22 juin prochain.

Nous croyons avoir prévenu votre décision, en renonçant à une amélioration trop chèrement achetée, s'il fallait manquer à la parole de celui qui a le droit aussi de dire qu'il n'a jamais promis en vain.

L'art. 7 du projet a été présenté dans l'exposé des motifs, comme une dérogation au droit commun justifiée par d'importantes considérations.

Votre commission croit qu'il n'y a pas de raison suffisante pour s'écarter des principes; qu'il y aurait même de grands inconvénients.

Pour mettre plus de clarté dans la discussion, elle doit vous faire remarquer que le projet de l'art. 7 présente un double résultat; il attribue l'indemnité aux héritiers du jour de la loi, à l'exclusion des héritiers du jour de la mort: il exclut les donataires ou les légataires universels du droit de la réclamer.

Les confiscations étaient injustes, et l'indemnité qui tend à réparer cette injustice est, suivant l'exposé des motifs, « la représentation de l'immeuble confisqué, le remboursement d'une valeur injustement perçue. Sa cause se rattache donc à la propriété, et le droit qu'elle consacre aujourd'hui, a sa source dans la confiscation commencée depuis trente années ».

Des principes si vrais, exprimés avec une concision qui semble leur prêter une force nouvelle, conduisaient à décider que l'indemnité doit appartenir à ceux que la loi existante au moment du décès de l'ancien propriétaire, appelait à le représenter.

Cette conséquence est fondée sur les plus incontestables principes du droit, qui ont toujours distingué entre la restitution de *grâce* et la restitution de *justice*.

La restitution de grâce, suppose un crime, une peine justement prononcée, un pardon. C'est une libéralité du prince; elle ne peut profiter qu'à ceux qui en sont l'objet actuel.

La restitution de justice est une proclamation d'innocence : si un tribunal légitimement constitué a prononcé la condamnation, la restitution de justice déclare qu'une erreur fatale a fasciné l'esprit des juges; si c'est la tyrannie qui a proscrit, la restitution de justice, n'est que la conséquence du principe qu'un acte de tyrannie est réputé non-avenu, quand l'autorité légitime est rétablie (1). Le

_____

(1) Cod. Theodos. Lib. xv, tit. xiv. *De infirmandis his quæ sub tyrannis aut Barbaris gesta sunt.*

proscrit doit reprendre ses biens confisqués, ou en recevoir le prix, quand il n'est pas possible de les rendre en nature ; et le droit de le représenter appartient à ceux qui étaient ses héritiers à l'instant de sa mort naturelle.

Ce que la raison et la justice enseignent, les lois de la révolution l'ont reconnu elles-mêmes.

. La loi du 10 juillet 1790, avait rendu aux religionnaires leurs biens confisqués ; l'article 27 du décret du 9 fructidor an 2, a déclaré que le droit de leurs héritiers était réglé *suivant les dates effectives de l'ouverture des successions.*

Une loi du 21 prairial an 3, restitua les biens des condamnés ; et le droit des héritiers, du jour du décès, fut si hautement reconnu, qu'une loi du 20 prairial an 4, règle ce qui devoit arriver quand deux personnes appelées respectivement à succéder avoient péri simultanément dans la même exécution.

Le 21 fructidor an III, on a accordé les biens des prêtres déportés à leurs héritiers, au jour de la déportation.

L'acte sénatorial, du 6 floréal an x, restitua aux émigrés une partie de leurs biens ; et un avis du conseil-d'état, revêtu, le 9 thermidor an x, de l'approbation qui lui donnait alors le caractère législatif, décide que le droit de réclamer cette restitution du chef d'un ancien propriétaire décédé, appartenait aux héritiers du jour de sa mort.

Ainsi, la force des principes a été telle, que les gouvernements qui les avaient le plus ouvertement violé tant de fois, les ont respectés dans cette matière.

Après avoir exposé le droit commun, il est nécessaire d'examiner ce qui peut décider à s'en écarter.

C'est, dit-on, parce que la loi du 5 décembre 1814 a été comprise et exécutée différemment d'après la jurisprudence de la cour de cassation.

Cette cour (1) qui avait jugé d'une manière bien différente lorsqu'il s'agissait des lois dont nous venons de vous tracer le tableau, n'aurait-elle pas été entraînée par une rédaction équivoque de l'article 2 de la loi du 5 décembre 1814, par l'opinion à laquelle de fâcheuses discussions élevées à cette époque ont donné lieu, que la loi était un acte de libéralité et non de justice ; la lecture de ses arrêts en offre la preuve évidente (2).

(1) Arrêts du 22 thermidor an x, 20 avril 1806, 21 décembre 1807.

(2) L'arrêt qui a jugé en faveur de l'héritier du jour de la loi contre l'héritier du jour de la mort est du 9 mai 1821. En voici les motifs :

« Attendu que, lors de la promulgation de la loi du 5 septembre 1814, le » domaine de l'État se trouvait propriétaire légal des biens qui avaient été » confisqués sur les émigrés, et qui n'avaient été ni vendus, ni aliénés, par » suite des lois sur l'émigration ;

» Que si la loi du 5 décembre a fait cesser, du moment qu'elle a été publiée, tous les effets de la confiscation sur lesdits biens, elle ne les a pas » abolis pour le passé, de manière à faire considérer ces biens comme s'ils » n'étaient jamais sortis des mains des anciens propriétaires ; que ce fut pour

Mais, c'est à vous qu'il appartient de déclarer le véritable but, le véritable esprit de la loi du 5 décembre 1814, dont celle qui vous est proposée n'est que le complément. Ce n'est point au législateur à se conformer à la jurisprudence ; c'est la jurisprudence qui doit se conformer aux lois, et les lois doivent être faites d'après les véritables principes.

Si vous croyez qu'on a justement confisqué les biens des proscrits, les rendre, c'est faire grâce, c'est faire un don, à eux, à leurs héritiers ; et nous oserions dire que vous n'avez le droit de faire ni l'un ni l'autre.

Si vous croyez que les confiscations furent un abus de la force et de la tyrannie ; qu'en 1814, on devait rendre, à titre de justice, ce qui n'était pas vendu ; qu'en 1825, une sage politique s'accorde avec la justice pour indemniser ceux dont l'État a transmis les biens à des tiers, vous ne pouvez, sans violer ces principes, refuser de reconnaître le droit des héritiers au moment de la mort naturelle.

C'est, dit-on encore, pour éviter les embarras et les procès, puisque, parmi les personnes frappées de confiscation, les unes ont pu mourir avant le 17 nivose an II, époque où le système ancien des successions a été changé ; les autres, depuis cette époque jusqu'au Code civil ; tandis qu'en adoptant le projet, il n'y aura qu'une seule loi, qu'un seul système.

Nous supposerons les difficultés aussi grandes qu'on le voudra, et nous nous bornerons à demander si, pour éviter quelques inconvénients, qui, après tout, seraient arrivés, s'il n'y avait jamais eu de confiscation, puisque les biens auraient été transmis et partagés suivant les lois existantes à la mort du propriétaire, le législateur a droit de faire, ce qui est bien plus qu'un inconvénient, une rétroactivité. Or, n'y a-t-il pas effet rétroactif à déclarer que tous les droits d'un homme sont censés n'avoir pas été transmis à son héritier à l'instant où il a cessé de vivre ? peut-on concevoir un droit *qui se rattacherait* au temps de son décès, et qui, cependant, n'appartiendrait pas à l'héritier que la mort a saisi ?

Essaiera-t-on de repousser le reproche de rétroactivité, en soutenant que le droit à l'indemnité n'existait pas au moment où le propriétaire, frappé de confiscation, est mort ? C'est ce que paraît insinuer l'*Exposé des motifs* : « Le droit reconnu est consacré par la » loi actuelle n'a formé long-temps, qu'une espérance légitime, » qu'une expectative juste et naturelle ; mais qui, aux yeux de la » loi civile existante, n'était pas de nature à être comprise dans la » disposition de l'homme, et ne peut être présumée y avoir été » comprise. »

» écarter tous les doutes qui auraient pu s'élever à cet égard, que le mot » *restitué*, qui se lisait dans le projet de loi, en fut retranché, et qu'il y fut » substitué celui de *rendu* ;

» Qu'il ne peut par conséquent être question de *restitution* dans l'application de la loi du 5 décembre 1814, d'où suit que les biens confisqués sur » les émigrés, et réunis au domaine de l'État, qui ont été rendus par ladite » loi, ne l'ont réellement été qu'à titre de libéralité. »

Il faut bien s'entendre : si par ces mots, *loi civile existante*, on désigne la loi qui confisquait les biens, qui déniait tout espoir de restitution, nous l'avouons aux yeux de cette loi, l'espérance de l'indemnité n'était pas même *légitime*, et l'on a droit d'en conclure qu'elle n'a pas été transmise ni par la volonté de l'homme, ni par celle de la loi des successions. Mais si nous ne pouvons admettre ces principes, sans contradiction avec les nôtres, sans nier le véritable caractère de la restauration, sans fournir des arguments à ceux qui ont quelquefois essayé de la faire envisager comme une simple convenance et non comme un droit; s'il est vrai que des droits enlevés ou paralysés par la force, n'en étaient pas moins des droits, il faut reconnaître que l'indemnité était due à ceux dont les biens ont été confisqués, à l'instant où l'Etat s'en est emparé; que ce droit dont la *loi civile existante* ne permettait pas l'exercice, était garanti par une loi bien plus ancienne et plus respectable, par celle qui ne permet pas de dépouiller un propriétaire sans l'indemniser; et c'est avec l'exposé des motifs lui-même, que nous dirons : « L'indemnité est la représentation de l'immeuble confisqué; sa » cause se rattache à la propriété. » Nous ajoutons aussi, et nous croyons être conséquents, que si le propriétaire dépouillé avait ce droit, son héritier l'a trouvé dans sa succession; qu'il l'a reçu en vertu du plus ancien principe de la législation française, en vertu de la règle, *le mort saisit le vif;* règle qui, par une heureuse harmonie entre la famille et la monarchie, n'est rien autre chose que l'application aux intérêts privés, de ce cri français, à la fois de douleur et d'espérance, *le Roi est mort, vive le Roi!*

On a demandé s'il ne faudrait pas du moins exclure de la faculté de réclamer l'indemnité, les donataires et légataires universels.

Cette question a été fortement agitée dans votre commission. Les dons, les legs universels, a-t-on dit, sont l'ouvrage de la volonté; les successions, l'ouvrage de la loi. Il implique contradiction que le même individu ait plusieurs héritiers qui prendraient leurs droits à des époques différentes, parce que la loi n'en reconnaît qu'une, le décès. Mais s'il n'y a pas lieu dans ce cas à interroger, à interpréter la volonté de la loi, on peut interroger et consulter la volonté de l'homme.

Celui qui, dans la terre d'exil, tournant les yeux sur sa patrie, pensait moins sans doute à ses propres malheurs qu'aux désordres qui menaçaient de la faire disparaître du monde civilisé, a pu léguer à un ami, à un hôte bienfaisant, tout ce qu'il possédait; et sans doute il n'avait pas l'intention d'y comprendre une indemnité que tant d'événements rendait problématique. Admettre son légataire universel à la réclamer, ce serait donner à sa volonté une extension qu'elle n'avait pas (1).

Sans contester la force de ces considérations, et même en la re-

_____

(1) Arrêts de la Cour de cassation des 25 janvier 1819, 9 février 1823 et 18 février 1824, qui excluent les légataires universels du droit de réclamer les biens restitués par la loi du 5 décembre 1814.

connaissant, on a répondu qu'au moins les donataires et légataires
universels ne pourraient être exclus; dans tous les cas, que si quelqu'un avait donné ou légué toute sa fortune présente et à venir
avant l'époque des confiscations, ou même lorsqu'il n'en avait encore aucune connaissance, le droit de réclamer le montant de l'indemnité ne saurait être raisonnablement contesté à l'institué; que
si, depuis l'époque à laquelle le Roi a donné, dans la Charte, garantie aux acquéreurs de biens nationaux, et le juste espoir d'une
indemnité aux anciens propriétaires; depuis que cette indemnité a
été proposée par un illustre guerrier dans la Chambre des pairs,
depuis que le Roi l'a solennellement annoncée en ouvrant la session de 1824; pendant qu'elle fait l'objet de votre discussion, un
propriétaire de biens confisqués avait fait une institution universelle, ce serait méconnaître sa volonté que de refuser à l'institué
le droit de réclamer cette indemnité; qu'il n'y aurait donc de véritable incertitude sur la volonté, que pour les institutions faites depuis l'époque où la confiscation a été consommée, jusqu'à la restauration, et que même il faudrait encore faire quelques distinctions:
que si le droit d'indemnité a été donné ou légué clairement, la volonté doit être respectée; qu'elle peut encore être présumée chaque
fois que l'institué était l'un des héritiers du sang du disposant, ou
son époux. On en a conclu que les exceptions réduiraient à si peu
de chose la règle proposée, qu'il n'y avait qu'un bien faible intérêt
à l'admettre pour obvier à quelques cas rares, dans lesquels il paraîtrait peu probable que le donateur ou le testateur ait entendu
donner ou léguer le droit d'indemnité; que c'était aux tribunaux à
juger d'après les circonstances, les lois n'étant faites que pour po-
ser des règles générales, et non pour prévoir des cas purement ac-
cidentels (1).

Après avoir repoussé le projet d'exclure les héritiers institués,
comme devant avoir peu de résultats dans ses applications, il n'a
pas été difficile de faire valoir les principes qui, hors le cas où la
loi attribue des réserves à quelques héritiers du sang, veulent
qu'on ne distingue point entre ces derniers et les héritiers institués; et alors les considérations qui ne permettent pas d'établir un
ordre de succession nouveau, conservaient toute leur force, parce
qu'elles dérivaient de la même source.

Votre commission s'est donc décidée à vous proposer une rédaction qui laisserait tout ce qui concerne les successions des personnes
frappées de confiscation, sous l'empire du droit commun.

Mais elle a dû prévoir quelques difficultés. Il peut se faire que des
personnes soient mortes à une époque où les lois de la révolution
les frappaient de mort civile, et que même leurs héritiers se trou-
vassent atteints par la même mesure.

Nous ne pouvons croire que quelqu'un osât aujourd'hui invo-
quer cette législation; et il est plus douteux encore que les tribunaux accueillissent un tel système.

(1) *Ex his, quæ forte uno aliquo casu accidere possunt jura non constituun-
tur.* Dig. de Leg. liv. IV.

La tyrannie et la fureur avaient seules créé ces incapacités ; elles ont disparu lorsque la légitimité et la bonté sont remontées sur le trône. L'ordonnance du 21 août 1814 déclare « qu'aucune diffé- » rence n'a pu être admise aux yeux de la loi, comme aux yeux du » Roi, entre les Français qui gémissaient de son absence dans » l'intérieur, et ceux qui l'ont consolé au dehors. » Ces paroles royales ont tracé le devoir des citoyens et des magistrats.

Cependant, puisqu'une triste expérience nous apprend qu'il n'est pas de contestations injustes et scandaleuses qu'on n'essaie aujourd'hui, nous avons cru devoir proposer une rédaction qui n'y laissera aucun prétexte.

Nous avons pensé aussi que l'État qui acquitte, au bout de trente ans, et sans restitution de fruits, la dette des indemnités, n'avait pas l'intention de percevoir de droits de successions sur le capital dont il se reconnaît débiteur. Il ne faut pas, toutefois, que le silence de la loi laisse aux receveurs de l'enregistrement un prétexte pour faire des poursuites que la régie ne tarderait pas, sans doute, à désavouer ; et, dans cette intention, nous vous proposerons une disposition additionelle à l'art. 7.

D'autres questions se sont présentées aussi ; elles nous ont paru être résolues par les règles du droit commun; toute disposition spéciale devenait inutile et pouvait avoir ses dangers.

On a demandé si les créanciers de ceux qui ont droit à l'indemnité, et qui ne la réclameraient pas, seraient admis à exercer les droits de leurs débiteurs.

Les articles 788 et 1166 du Code civil consacrant ce droit, une disposition nouvelle ne nous a pas paru devoir être insérée dans la loi proposée.

On a rappelé que les articles 38, 40 et 48 du décret du 20 mars 1793, avaient annulé rétroactivement, à compter du 1er juillet 1789, toutes les transmissions de propriétés faites par des personnes frappées de confiscation; et qu'on avait porté le délire dans le décret du 11 nivose an II, jusqu'à annuler, sans indiquer l'époque de rétroaction, toutes les ventes que les Vendéens avaient faites avant leur insurrection. Il s'en est suivi que les biens, objets des transmissions annulées, ont été vendus comme appartenants aux personnes frappées de confiscation. Les règles du droit commun nous paraissent attribuer le droit de réclamer l'indemnité à ceux qui ont été les véritables spoliées, c'est-à-dire, à ceux dont les contrats valables, et qui auraient eu leur exécution sans les proscriptions révolutionnaires, n'ont été annulés que par l'effet de ces mesures.

Il en serait de même si, par quelque erreur, on avait vendu, sous le nom d'une personne, et comme confisqué sur elle, un bien appartenant à une autre. Mais, comme nous avons eu l'honneur de vous le dire, ces questions et beaucoup d'autres analogues, se résolvent par le droit commun. Nous ne pouvions vous en occuper sans faire, d'un rapport purement relatif à une loi spéciale, une sorte de traité de droit.

L'article 8 détermine des règles d'ordre auxquelles nous proposons de légères rectifications qui ne paraissent susceptibles d'aucune discussion sérieuse.

L'article 9 est relatif aux déductions pour dettes acquittées, qui doivent être faites sur le montant de l'indemnité. Les trois espèces de dettes qu'il indique sont de nature à être opposées d'une manière générale, sans égard à la qualité des biens confisqués.

Mais nous avons remarqué qu'on avait omis dans le projet, de parler d'une autre déduction que la qualité des biens donne le droit d'exercer. Elle s'applique aux fonds dont les propriétaires étaient détenteurs à titre d'engagement.

Vous savez qu'après de grandes variations sur cette matière (1) la loi du 14 ventose an VII admit les engagistes à conserver les biens, sous la seule condition de payer le quart de leur estimation.

Un silence absolu sur cette position serait injuste si l'on devait en induire que les engagistes dont les biens ont été confisqués et aliénés n'ont aucun droit à l'indemnité, puisqu'ils perdraient entièrement une propriété que les autres Français ont été admis à conserver moyennant un quart de l'estimation.

Il serait injuste encore, si l'on devait en conclure qu'ils doivent être indemnisés de la même manière que les propriétaires de biens non engagés.

La commission vous propose un amendement qui a pour objet de déclarer qu'à l'égard des immeubles appartenant aux anciens propriétaires par suite d'engagements du domaine royal, il sera déduit sur l'indemnité un quart, pour représenter ce qu'ils auraient été obligés de payer, comme les autres Français engagistes.

Nous avons pensé que l'art. 10 devait être rectifié.

C'est au Roi, sans doute, qu'il appartient de nommer la commission chargée des opérations auxquelles la liquidation définitive doit donner lieu. Mais ce n'est point dans une loi qu'on peut désigner les qualités, le nombre des personnes à qui il jugera convenable d'accorder sa confiance. Chargé de rendre justice à une classe de sujets, il doit être libre de choisir où il voudra les personnes qu'il veut investir de la fonction difficile d'acquitter cette dette, de la souveraineté. Nous avons cru que tout ce qui tendait à limiter la prérogative royale était incompatible avec vos principes.

Les art. 11, 12, 13 et 14, sont relatifs aux moyens d'accélérer la liquidation; ils ne nous ont paru susceptibles d'aucune difficulté. Quelques légers changements se justifient par la simple lecture, et la discussion nous mettra à même d'en donner des motifs s'il s'élevait des objections.

(1) Loi du 1er décembre 1790, qui déclare tous engagements révocables par des lois spéciales. — Loi du 3 septembre 1792, qui révoque tous les engagements, et laisse les engagistes en jouissance jusqu'au remboursement de de leurs finances. — Loi du 10 frimaire an II, qui ordonne la dépossession immédiate des engagistes, sauf à eux à se faire liquider.

. Il en est de même de l'article 15, relatif aux déportés et aux victimes des condamnations révolutionnaires. Nous n'avons pu douter
que cette expression ne comprît tous ceux qui, par des actes spé-
ciaux ou collectifs, avaient été proscrits et frappés de confiscation,
tels que les Vendéens ou autres désignés par les lois de ce temps
sous le nom de *rebelles* (1); et une rédaction plus étendue ne nous
a pas paru nécessaire.

Les art. 16 et 17 concernent les biens effectués aux hospices et
autres établissements de bienfaisance.

« Nous sommes encore obligés pour faire bien comprendre la discussion que ces articles ont fait naître au sein de votre commission,
de remonter à l'histoire des lois de spoliation.

Un décret du 2 novembre 1789 déclara que les biens ecclésiastiques étaient à la disposition de la nation. De ce principe on tira
bientôt, comme conséquence, le droit de dépouiller les hospices.
Tous leurs biens furent réunis au domaine de la république, et
l'on promettait, en échange aux malheureux, un grand-livre de la
bienfaisance nationale (2).

Mais une loi du 16 vendémiaire an v, révoqua ces dispositions
et ordonna que les immeubles vendus seraient remplacés en biens
nationaux de même produit, et que cette affectation ne pourrait
être faite que par des lois. En attendant ces lois, les hospices furent envoyés en jouissance provisoire des biens qu'on leur destinait; et ces biens, dans un grand nombre de départements,
étaient des biens provenant de confiscation.

De là, deux positions distinctes, *affectations définitives*, c'est-
à-dire, affectations par des lois; *affectations provisoires*, c'est-à-
dire, affectations qui attendaient la sanction législative.

Tel était l'état des choses, lorsque la loi du 5 décembre 1814,
a été rendue. L'article 8 maintient les hospices dans la propriété
des biens affectés *définitivement*; il déclare que les biens affectés
provisoirement seront rendus à leurs propriétaires, lorsque, par
des mesures législatives, il aura été pourvu à l'indemnité des
hospices.

Les articles 16 et 17 du projet sont basés sur cette législation.
Le premier n'admet l'ancien propriétaire qu'à réclamer une indemnité pour les affectés *définitivement*. Le second révoque l'affectation *provisoire*, et remplissant la condition du second paragraphe
de l'article 8 de la loi du 5 décembre 1814, attribue aux hospices
détenteurs précaires, un remplacement qui consiste dans l'indemnité destinée à représenter ces biens.

Dans ce système, nous ne pensons pas que les hospices éprouvent
une lésion et puissent élever des réclamations fondées.

_____

(1) Décret du 1er août 1793, qui confisque les biens des Vendéens in-
surgés. — Décret du 8 ventose an II, qui confisque les biens des ennemis de la
révolution.

(2) Décret du 8 messidor an II, qui crée un grand-livre de la bienfaisance
nationale. — Décret du 23 messidor an II, qui déclare nationaux tous les
biens des hospices et établissements de charité.

Mais est-ce assez pour la justice due aux anciens propriétaires ? Est-ce assez pour le bien public qui veut que la trace des confiscations disparaisse autant qu'il est possible ? Ne convient-il pas d'autoriser sans distinction, outre les affectations provisoires et les affectations définitives les anciens propriétaires à les retirer, en donnant aux hospices l'indemnité réglée par la loi proposée.

Cette question a été élevée dans la plupart des bureaux.

On a dit que les motifs de haute politique auxquels le Roi a cédé, lorsqu'il a donné la Charte, ne militent point dans ce cas, et ne peuvent être appliqués à des hospices établis pour acquitter la dette générale de l'état envers les malheureux, dont il a reconnu et déclaré lui-même que les propriétés étaient nationales ; dont l'administration est toujours entière dans ses mains : qu'il y a quelque chose d'immoral à tolérer que des établissements fondés par la religion et en son nom, soient dotés de biens qui n'ont été confisqués qu'en haine de la religion et en violation de ses préceptes ; qu'enfin l'état qui accepte la charge honorable de réparer ces violations autant qu'il est en son pouvoir doit donner l'exemple, en dessaisissant les établissements qui lui appartiennent, de ces mêmes biens dont il reconnaît que la confiscation fut injuste.

Mais ces arguments ne sont sans réplique. De tout temps les hospices ont été considérés dans l'état comme des corporations, qui tiennent à la vérité leur existence de la volonté du souverain, mais qui, une fois admises et reconnues, possèdent au même titre que les particuliers ; leurs propriétés ne sont point les propriétés de l'état ; si un décret de la convention les avait déclarées nationales et mises en vente, ce décret était une véritable confiscation.

Rentrés dans ce qu'on pourrait nommer leurs droits civils, et continuant d'être habiles à acquérir, les hospices sont des tiers devenus propriétaires de bien confisqués ; des tiers placés à cet égard sous la garantie de l'art. 9 de la Charte et la protection de l'article 1er. de la loi du 5 décembre 1814, et des tiers d'autant plus favorables, qu'ici leur volonté ne saurait être accusée. On a injustement vendu leurs biens, on leur en devait le prix, ou les a payés en biens confisqués ; ils n'avaient aucun moyen de résister à cette nécessité. La dotation en paiement est un mode d'acquérir la propriété, et la Charte a maintenu toutes les acquisitions.

L'influence plus ou moins directe que l'état exerce sur les hospices n'est pas le résultat d'un droit de propriété, mais d'un droit de surveillances : il ne faut confondre les établissements de service publics, véritables branches de l'administration générale, et par conséquent appartenant à l'état, avec les corps moraux qu'il peut sans doute empêcher de s'introduire ou de se former, mais qui, une fois introduits ou formés, ont leur personnalité, leur individualité active et passive. A l'égard des établissements de services publics, ils n'ont pû ni dû, d'après l'art. 7. de la loi du 5 décembre 1814, conserver les biens confisqués qu'ils employaient à leurs besoins autrement qu'à titre de location et en payant les loyers ; mais rien ne peut permettre de comprendre sous ce nom les hospices et établissements de bienfaisance. Vainement dirait-on qu'il ne s'agit pas de

retirer aux hospices les biens affectés définitivement sans leur donner un équivalent ; qu'ils en trouveraient un dans l'indemnité qui
représentera ces biens.

La fixation de cette indemnité se reporte au temps où les biens
ont été cédés aux hospices et à l'état dans lequel étaient ces biens :
ils ont été estimés à juste prix, mais au juste prix de ce temps ; depuis vingt ans les immeubles ont acquis un grand accroissement
de valeur, et dès que les hospices étaient propriétaires définitifs, cet
accroissement est devenu une partie de leur propriété.

Sans doute il n'en est pas et il ne peut en être de même pour les
biens qui n'ont été affectés que *provisoirement*. L'affectation provisoire n'était qu'une détention précaire. La condition essentielle
pour une affectation définitive, et l'acquisition de la propriété incommutable était la sanction législative. Sans des lois, les hospices
ne pouvaient obtenir cette propriété ; ces lois n'ont point été rendues dans le temps où l'Etat se croyait libre de disposer des biens
confisqués ; elles ne peuvent plus l'être aujourd'hui, que loin de
maintenir les confiscations, il s'occupe de réparer celles dont l'effet
est consommé. On ne doit aux hospices que d'accomplir la promesse
faite en 1814, et c'est ce que l'art. 17 propose ; il fixe par mesure
législative l'indemnité des biens qu'on n'aurait jamais dû leur enle-
ver ; il les traite précisément dans ce cas comme il traite dans tous
les cas les propriétaires frappés de confiscation ; il n'est donc pas
susceptible d'une objection sérieuse.

Mais nous avons pensé que la mesure proposée par cet article ne
pouvait être appliquée aux biens affectés *définitivement*, sans déro-
ger à l'article 8 de la loi du 5 décembre 1814.

Un moyen de conciliation a été proposé et discuté, et votre commission l'a adopté. Il consisterait à laisser à l'ancien propriétaire
d'un bien affecté *définitivement* la faculté de le retirer, à la charge
de fournir à l'hospice, en rentes sur l'Etat, un revenu égal au produit net que ce bien rapporte actuellement.

Votre commission n'a trouvé, dans cette proposition, aucun des
inconvénients de celle que nous venons de combattre. Elle croit
d'abord que l'Etat, juge naturel des intérêts des hospices, a le droit
de prendre cette mesure, si cet intérêt n'en souffre point. Cette mesure paraît offrir des avantages déjà signalés dans l'édit du mois de
janvier 1780, ouvrage d'un roi dont le cœur ne fut étranger à aucune vue de bien public et d'humanité. Tout le monde doit conve-
nir, avec l'auguste auteur de cette loi, « que les immeubles sont
» une sorte de biens qui, entre les mains d'une administration col-
» lective et changeante, dont les soins ne peuvent jamais égaler l'ac-
» tivité de l'intérêt personnel, ne procurent qu'un modique revenu,
» et assujettissent à des frais considérables d'entretien et de répa-
» rations. »

La mesure que la Commission a l'honneur de vous proposer, aura
aussi des avantages réels pour le crédit, en frappant une plus grande
quantité de rentes d'une sorte d'immobilisation, sans nuire aux
hospices, qui recevraient un revenu égal à celui dont ils jouissent ;
elle aura aussi l'avantage de multiplier les mutations et les produits

4

que le Trésor public obtient des ventes et de l'ouverture des successions. C'est ainsi qu'il nous paraît qu'on peut, sans blesser la
justice, sans atténuer les revenus des établissements de bienfaisance, satisfaire les affections de famille, les désirs bien naturels
et bien légitimes que des enfants peuvent avoir de posséder de nouveau l'héritage de leurs pères.

L'art. 18 du projet est relatif aux droits des créanciers par actes
antérieurs à la confiscation.

La position respective de ces créanciers et de leurs débiteurs est
embarrassante, et les tribunaux sont incertains dans leurs décisions.

Les uns s'attachant à la rigueur des lois spéciales, les opposent
aux créanciers. Ces lois, disent-ils, qui, sans doute n'étaient pas
plus justes que la confiscation, les ont déclarés créanciers de l'État;
elles leur ont accordé des délais souvent répétés pour se faire liquider; elles ont fini par les déclarer déchus. Les créances, frappées
de ces déchéances, n'existent plus. Ce principe est appliqué dans
toute son étendue aux dettes des communes et des hospices dont
les créanciers avaient aussi été déclarés créanciers de l'État par les
lois qui s'emparèrent de leurs biens (1). Cette injustice doit,
comme tant d'autres, avoir ses effets consommés. Quand les personnes frappées de confiscation ne peuvent, suivant l'article 1er de
la loi du 5 décembre 1814, attaquer, en ce qui leur serait défa-
vorable, les droits que les tiers ont acquis contre la république par
suite de la confiscation, pourquoi ne seraient-elles pas admises
aussi, dans leur intérêt, à demander que les droits acquis par la
république contre les tiers, par suite de la même confiscation,
soient respectés.

Les autres répondent que si la confiscation a pour résultat d'ôter
à celui qu'elle frappe, ses propriétés, et par conséquent les moyens
d'acquitter ses dettes, elle ne détruit pas l'action personnelle,
suite de l'obligation qu'il a contractée; que l'effet de cette obligation est d'affecter à la dette tout ce que le débiteur possède et pos-
sédera; que si, à l'aide de quelques argumentations fondées sur la
différence entre la réintégration et le pardon, il a été possible d'arriver à la conséquence que les personnes frappées de confiscations
étaient dégagées de leurs dettes antérieures, ce système auquel donnait une apparence de fondement, la manière dont quelques arrêts
ont interprété la loi du 5 décembre 1814, ne serait pas soutenable
aujourd'hui, où assurément il ne s'agit pas de grâce, mais de justice.

Dans cet état d'hésitation et d'incertitude des tribunaux, le besoin d'une disposition législative qui fixe leurs décisions, est exprimé de toutes parts.

Votre commission croit qu'il ne faut admettre aucun des extrêmes
dont elle vient de vous rendre compte.

Des actes arbitraires ont simultanément frappé les débiteurs et
les créanciers. La confiscation a eu, à l'égard des uns, l'effet de
déclarer leurs biens, *biens nationaux*; à l'égard des autres, de déclarer leurs créances, *créances nationales*.

(1) Avis du conseil-d'État approuvé le 8 thermidor an XIII.

L'acte de justice que vous êtes appelés à faire aujourd'hui doit replacer les uns et les autres dans une position égale, et ce qui règle le sort des uns, doit naturellement régler le sort des autres.

Déjà le ministère l'a reconnu en vous proposant de n'autoriser les créanciers à former opposition que pour leur capital, parce que précisément, l'Etat ne rend aux anciens propriétaires, qu'un capital, sans restitution de fruits.

Le même principe conduit à décider que si ces créanciers veulent être payés sur l'indemnité, et manifestent cette volonté par des oppositions, le débiteur a droit de faire cesser ces oppositions, en leur offrant capital pour capital et jusqu'à due concurrence, un transfert de la rente, 3 pour 100, dont l'indemnité se compose.

Tous les intérêts nous semblent conciliés. La même justice qui rend au débiteur ce que la confiscation lui avait ravi, relève le créancier des déchéances qu'il a encourues par l'effet de la confiscation. Si sa dette est légitime, si des exceptions fondées sur le droit commun ne peuvent lui être opposées, il ne sera point repoussé par les exceptions spéciales que le système des confiscations avait créées, exceptions qui doivent cesser à l'égard du créancier, dès que les effets de ce système cessent à l'égard du débiteur, mais qui, par une conséquence sur laquelle la raison et l'équité s'accordent, doivent cesser de la même manière.

Une autre question, également importante, s'est présentée.

Tous les créanciers antérieurs à la confiscation qui formeront opposition, sans distinction des hypothécaires et des chirographaires, viendront-ils à contribution sur le capital de l'indemnité? admettra-t-on, au contraire, ceux qui avaient, sur les biens vendus des droits d'hypothèques et de priviléges, à les exercer dans l'ordre de leurs titres?

Le mode le plus simple serait, sans doute, de déclarer que tous les créanciers viendront, par contribution. Mais ce mode ne nous semble, ni le plus juste, ni le plus conforme au droit commun et à la foi due aux conventions.

Suivant le droit commun, les créanciers hypothécaires doivent être payés par préférence aux chirographaires, sur le prix des biens frappés de leurs hypothèques.

La confiscation n'a pu changer ce droit. Le fisc était tenu des dettes de la même manière que celui à qui il succédait momentanément, et les auteurs des décrets publiés sous la date commune du 25 juillet 1793, l'avaient reconnu (1). C'est sous l'empire, et, s'il est possible de dire ce mot, à l'égard de telles lois, c'est sous la foi de ces principes que les biens ont été confisqués; l'indemnité que vous allez décréter est le prix de ces biens; ce prix est dans la caisse de l'Etat, comme le prix d'un immeuble hypothéqué le serait dans les mains de l'acquéreur ou dans la caisse des consignations : il est donc grevé des mêmes hypothèques. Nous n'avançons rien qui ne soit écrit dans tous les livres des jurisconsultes;

(1) Décret du 25 juillet 1793, sect. V. § 3.

qui n'ait, d'après leur doctrine, été converti en loi par nos Codes.

Pourquoi, en effet, le vendeur d'un immeuble que la confiscation a enlevé au débiteur du prix, n'exercerait-il pas ses droits sur l'indemnité due à ce débiteur?

Pourquoi la femme du propriétaire d'un immeuble confisqué, n'aurait-elle pas, sur l'indemnité qui le représente, les droits que lui donne l'hypothèque de son contrat de mariage pour sa dot et ses autres conventions matrimoniales? pourquoi les enfants, les mineurs, perdraient-ils leurs droits sur le prix des biens de leur tuteur?

Lorsqu'un homme doit par hypothèque, ce n'est pas lui qui, à proprement parler, est propriétaire de son bien; ce sont les créanciers qui ont sur ce bien un droit réel! ce n'est pas sur lui, dans la vérité des choses, que l'on a confisqué, c'est sur ces mêmes créanciers; c'est donc à eux que l'indemnité doit parvenir si leur créance subsiste encore.

On peut répondre, nous devons le dire pour éclairer votre décision, que, suivant les lois révolutionnaires, les biens confisqués étaient vendus libres et francs d'hypothèque; que, suivant le droit commun, lorsque l'immeuble hypothéqué périt, l'hypothèque s'éteint.

Il faut entendre sainement les lois sur lesquelles se fonde cette objection. Il est vrai que, suivant le décret du 25 juillet 1793, les biens confisqués étaient vendus francs d'hypothèques.

Mais ce n'est point pour éteindre l'hypothèque, car ce même décret assure aux créanciers hypothécaires leur collocation par ordre sur le prix de vente; c'était seulement pour interdire au créancier hyphotécaire le droit de suite contre l'acquéreur, pour limiter ses droits dans l'intérêt de cet acquéreur, et non pour détruire l'hypothèque en elle-même.

Il est bien vrai que l'extinction de la chose hypothéquée éteint l'hypothèque. Mais il n'est personne qui ne sente que ce mot *extinction* signifie *anéantissement*, *destruction* de l'objet, et non pas l'événement juste ou injuste qui enlève cet objet au débiteur, pour le transmettre à des tiers ou au fisc.

La conséquence des vrais principes conduit donc à décider que l'indemnité doit être considérée dans l'intérêt des créanciers ayant hypothèque sur les biens vendus, comme le prix même de ces biens, et que ce prix doit leur être attribué dans l'ordre de leurs créances ou droits hypothécaires, tel qu'il existait au moment de la confiscation.

On conçoit facilement qu'il ne devra pas y avoir autant d'ordres que de biens hypothéqués; et sans doute les cours chargées de prononcer, dans ce cas, sur les règlements de juges, n'hésiteraient pas à décider que l'ordre de la totalité des biens pour lesquels l'indemnité est accordée, sera attribuée au tribunal du domicile du propriétaire indemnisé, s'il est vivant, ou du lieu d'ouverture de sa succession, s'il est décédé.

Néanmoins, comme il faut prévenir ces sortes de conflits, lorsqu'on le peut, et que cette matière, vraiment spéciale, peut être

facilement réglée par une courte explication , nous vous la proposerons dans la nouvelle rédaction de l'article 18.

L'article 19 détermine, pour les demandes et les déchéances ,
des délais sur la durée desquels les opinions peuvent varier sans
doute , mais dont le principe ne paraît pas susceptible d'être contesté : nous pensons que ces délais sont suffisants.

Nous n'avons aussi aucune observation à vous soumettre sur l'article 20, qui n'est qu'un complément des mesures d'ordre et d'exécution qu'on trouve dans l'article 8.

La commission est arrivée au terme du travail que votre confiance
lui avait imposé.

Quel que soit le jugement que vous portiez, jamais elle ne dou-
tera que vous n'ayez apprécié ce que cette tâche avait de difficultés ;
et quand vous n'adopteriez pas ses vues , elle serait consolée de ce
que d'autres appelleraient une défaveur, par l'espoir que vous lui
saurez gré de ses intentions. Nous osons l'affirmer, Messieurs, elles
ont été loyales et désintéressées. Nous avons eu constamment pour
objet de concilier la justice d'une réparation tant différée , avec les
ressources de l'Etat , la nécessité d'en faire jouir promptement ceux
à qui elle est destinée avec la condition essentielle, selon nous ,
que sa fixation ne dépendît point de l'arbitraire des hommes, l'obligation de fixer ce mode par la loi même avec l'impossibilité reconnue d'atteindre une précision exacte.

Qu'il nous soit permis d'exprimer, en terminant, des vœux qui
s'adressent moins à vous, Messieurs, en qui nous voyons des guides
officieux et des appréciateurs indulgents, qu'à ce grand nombre de
de Français que la publicité des débats et la forme de notre
gouvernement initient , et pour ainsi dire , associent à vos délibérations.

Nous dirons aux uns : « N'allez pas réveiller les haines assou-
» pies et de funestes divisions par d'injustes attaques, par des dé-
» clamations aussi contraires à la bonne foi qu'à l'intérêt du Roi et
» de la patrie, toujours inséparables. »

Nous dirons aux autres : « Après tant d'injustice et de mal-
» heurs , il serait doux de voir cicatriser toutes les blessures, con-
» soler toutes les infortunes. Les finances de l'Etat ne le per-
» mettent pas; mais une pensée adoucit nos regrets : C'est pour
» votre Roi, c'est pour votre patrie que vous avez souffert; si les
» maux dont vous avez été frappés par ceux qui étaient à la fois
» leurs ennemis et les vôtres, ne peuvent être réparés, vous ne re-
» fuserez pas une dernière preuve de dévouement, un nouveau
» sacrifice. »

Nous dirons à tous : « Réunissez-vous pour vous aimer, au lieu
» de vous diviser pour vous combattre; il est temps de sceller, par
» un grand acte de justice, la réconciliation de tous les Français,
» commencée par le Roi que nous avons perdu, prête à s'achever
» aux pieds des autels où son auguste successeur recevra l'onction
» sainte. Il importe à notre bonheur futur, à la gloire de la France,
» que l'Europe, étonnée peut-être du courage avec lequel le Roi ,
» sans craindre aucun obstacle, a voulu, dès son avènement au

» trône, faire cet acte de politique et de réparation, acquierre la
» certitude que si, dans une matière aussi grave, les avis peuvent
» être différents, les cœurs s'entendent et les sentiments se répon-
» dent. »

Une ville qui semblait appelée à d'immortelles destinées, fut,
il y a bientôt deux mille ans, le théâtre de ces horribles proscriptions, de ces confiscations en masse, dont la Convention a de nos
jours relevé les tables sanglantes. Lorsque la tyrannie eut cessé, les
enfants des proscrits réclamèrent des droits sacrés; mais l'Etat ne
pouvait réparer qu'une faible partie de tant de maux. Cicéron fit
valoir l'intérêt public; il supplia, au nom de la patrie; et ces généreux citoyens, oubliant les injustices dont ils avaient été victimes, renoncèrent à des droits bien autrement précieux que des
indemnités pécuniaires.

Ce fut le plus beau triomphe de l'éloquence et de la vertu.

La France ne possède pas des orateurs qu'elles puisse mettre en
parallèle avec celui à qui la postérité a décerné ce titre par excel-
lence; mais elle ne possède par moins de bons citoyens que Rome
n'en comptait à cette époque; et si le talent nous manque pour
demander le sacrifice, la vertu ne manquera pas aux victimes pour
se l'imposer volontairement.

PROJET DE LOI

Proposé par le Gouvernement.

TITRE PREMIER.

De l'allocation et de la nature de l'indemnité.

ART. 1er. Il est alloué une indemnité aux Français anciens
propriétaires de biens-fonds situés en France, confisqués et vendus au profit de l'Etat, en exécution des lois sur les émigrés.

2. Pour les biens-fonds vendus
en exécution des lois qui ordonnaient la recherche et l'indication
préalable du revenu de 1790, ou
du revenu valeur de 1790, l'indemnité consistera en une in-

AMENDEMENTS

Proposés par la commission.

TITRE PREMIER.

De l'allocation et de la nature de l'indemnité.

ART. 1er Trente millions de
rente au capital d'un milliard,
sont affectés à l'indemnité des
Français dont les biens-fonds
situés en France, ont été confisqués et aliénés en exécution des
lois sur les émigrés, les déportés
et les condamnés révolutionnairement.

2. Pour les biens-fonds vendus en exécution des lois qui
ordonnaient la recherche et l'indication préalable du revenu de
1790, ou du revenu valeur de
1790, l'indemnité consistera en

scription de rente, 3 pour cent, sur le grand-livre de la dette publique, égale à vingt fois le revenu, tel qu'il a été constaté par les procès-verbaux d'expertise ou d'adjudication.

Pour les biens-fonds dont la vente a été faite en vertu des lois antérieures au 12 prairial an III, qui ne prescrivaient qu'une simple estimation préable, l'indemnité se composera d'une inscription de rente, de 3 pour cent, sur le grand-livre de la dette publique, égale au prix de vente réduit en numéraire au jour de l'adjudication, d'après le tableau de dépréciation des assignats, dressé en exécution de la loi du 5 messidor an V, dans le département où était situé la propriété vendue.

3. Lorsque en exécution de l'article 20 de la loi du 9 floréal an III, les ascendants d'émigrés auront acquis, au prix de l'estimation déclarée, les portions de leurs biens-fonds attribuées à l'État par le partage de présuccession, le montant de l'indemnité sera égal à la valeur réelle des sommes qui auront été payées. En conséquence, l'échelle de dépréciation des départements, pour les assignats et les mandats, et le tableau du cours pour les autres effets reçus en paiements, seront appliquées à chacune des sommes versées à la date du versement.

4. Lorsque les anciens propriétaires, ou leurs ayants-droit, seront rentrés en possession des biens confisqués sur leur tête; en les acquérant de l'État, l'indemnité sera réglée sur la valeur réelle qu'ils auront payée, et conformément aux règles établies par l'article 3.

une inscription de rente, 3 pour cent, sur le grand-livre de la dette publique, dont le capital sera égal à vingt fois le revenu, tel qu'il a été constaté par les procès-verbaux d'expertise ou d'adjudication.

(Le reste comme au projet.)

Lorsque le résultat des liquidations aura été connu, les sommes restées libres sur les trente millions de rente déterminés par l'article 1er, seront employées à réparer les inégalités qui auraient pu résulter des bases fixées par le présent article, suivant le mode qui sera réglé par une loi.

3. (Comme au projet.)
L'indemnité sera délivrée à l'ascendant s'il existe, et à son défaut, à celui ou à ceux de ses héritiers qui, par les arrangements de famille, auront supporté la perte.

Lorsque l'État aura reçu d'un aîné ou autre héritier institué, le prix des légitimes que des légitimaires, frappés de confiscation, avaient droit de réclamer en biens-fonds, le montant réduit de la somme payée pour prix de cette portion légitimaire, sera restitué à ceux qui y avaient droit ou qui les représentent.

4. Lorsque les anciens propriétaires auront acquis les biens confisqués sur leur tête, directement ou par personnes interposées, l'indemnité sera fixée sur la valeur réelle payée à l'État, conformément aux règles établies par l'article 3.

Projet de loi.	*Amendements.*

Lorsqu'ils les auront rachetés à des tiers, l'indemnité sera égale aux valeurs réelles qu'ils justifieront avoir payées, sans que, dans aucun cas, elle puisse excéder celle qui est déterminée par l'art. 2. A défaut de justification, les ayant-droit recevront une somme égale aux valeurs réelles formant le prix payé à l'Etat.

5. Les rentes 3 pour cent accordées à titre d'indemnité, seront portées au grand-livre de la dette publique, et délivrées à chacun des anciens propriétaires ou à ses représentants, par cinquième de la somme allouée, et d'année en année, le premier cinquième devant être inscrit le 22 juin 1825.

L'inscription de chaque cinquième portera jouissance des intérêts du jour auquel elle aura dû être faite, à quelque époque que la liquidation ait été terminée et la délivrance opérée.

6. Pour l'exécution des dispositions ci-dessus, il est ouvert au ministre des finances un crédit de *trente millions* de rente 3 pour cent, qui seront inscrits, savoir :

Six millions le 22 juin 1825;
Six millions le 22 juin 1826;
Six millions le 22 juin 1827;

Lorsque, par les mêmes moyens ils les auront rachetés à des tiers, l'indemnité sera égale aux valeurs réelles qu'ils justifieront avoir payées, sans que, dans aucun cas, elle puisse excéder celle qui est déterminée par l'art. 2. A défaut de justification, ils recevront une somme égale aux valeurs réelles formant le prix payé à l'Etat.

Dans les deux cas ci-dessus, les ascendants, descendants, ou femmes de l'ancien propriétaire, seront réputés personnes interposées.

Lorsque les héritiers de l'ancien propriétaire seront directement rentrés dans la possession des biens confisqués sur lui, l'indemnité, à laquelle ils auront droit sera fixée de la même manière.

5. Les rentes 3 pour cent, affectées à l'indemnité, seront inscrites au grand-livre de la dette publique et délivrées à chacun des anciens propriétaires ou à ses représentants, par cinquième : et d'année en année, le premier cinquième devant être inscrit le 22 juin 1825.

(Le reste comme au projet.)

(6. Comme au projet.)

Projet de loi.   *Amendements.*

Six millions le 22 juin 1828 ;
Et six millions le 22 juin
1829 ; avec jouissance pour les
rentes inscrites du jour ou leur
inscription est autorisée.

TITRE II.

*De l'admission à l'indemnité et
de sa liquidation.*

7. Seront admis à réclamer
l'indemnité , l'ancien propriétaire , et, à son défaut , les héritiers en ligne directe ou collatérale au degré successible , qui
seraient appelés à le représenter
à l'époque de la promulgation de
la présente loi.

8. Pour obtenir l'indemnité,
les anciens propriétaires ou leurs
représentants se pourvoiront devant le préfet du département où
sont situés les biens-fonds vendus. Le préfet transmettra la demande au directeur des domaines
du département qui dressera le
bordereau d'indemnité conformément aux dispositions précédentes.

Le bordereau sera adressé par
le préfet au ministre des finances
avec les pièces produites à l'appui
de la demande. Il y joindra son
avis motivé, qui portera tant sur
les droits et qualités des réclamants que sur les énonciations
du bordereau.

9. Le ministre des finances
vérifiera : 1° s'il n'a pas été payé

TITRE II.

*De l'admission à l'indemnité et
à sa liquidation.*

7. Seront admis à réclamer
l'indemnité , l'ancien propriétaire, et, à son défaut, les Français qui étaient appelés , par la
loi ou par sa volonté, à le représenter à l'époque de son décès ,
sans qu'on puisse leur opposer
aucune incapacité résultant des
lois révolutionnaires, ni leurs
renonciations.

Il ne sera dû aucun droit de
succession pour les indemnités
réclamées dans les cas du présent
article et de l'article 3.

8. (Le premier article comme
au projet de loi.)

Le bordereau sera communiqué
aux réclamants , ensuite adressé
par le préfet au ministre des finances, avec les pièces produites.
Il y joindra son avis motivé, qui
portera tant sur les droits et qualités des réclamants , que sur les
énonciations du bordereau et
les observations ou réclamations
qu'ils aurait reçues.

9. (Le premier alinéa comme
au projet.)

Projet de loi.

Amendemens.

de soultes ou de dettes à la décharge du propriétaire dépossédé ; 2° s'il ne lui a pas été compté , en exécution de la loi du 5 décembre 1814 , des sommes provenant de reliquats de décompte de la vente de ses biens ; 3° s'il ne s'est pas opéré de compensations pour les sommes dues par lui, au même titre,

Il sera dressé un état des déductions à opérer.

4° Si quelques-uns des biens vendus sur lui ne provenaient pas d'engagements ou autres aliénations du domaine royal , auquel cas il serait fait déduction du quart sur l'indemnité due pour ces biens.

Il sera dressé un état des déductions à opérer, dans lesquelles ne seront, sous aucun prétexte , comprises les sommes payées à titre de secours aux femmes et enfants , les gages de domestiques et autres charges de la même nature, acquittées par l'Etat pour le compte du propriétaire dépossédé.

Quel que soit le total de ces déductions il ne pourra diminuer l'affectation de 30,000, 000, fixé, par l'art. 1er.

10. Le bordereau d'indemnité et l'état des déductions seront transmis par le ministre des finances à une commission de liquidation, nommée par le Roi et composée de quatre ministres d'Etat, trois conseillers d'Etat, trois conseillers maîtres de la cour des comptes , et six maîtres des requêtes faisant fonctions de rapporteurs.

10. Le bordereau d'indemnité et l'état des déductions seront transmis, par le ministre des finances, à une commission de liquidation nommée par le Roi.

11. La commission procédera d'abord à la reconnaissance des qualités et des droits des réclamants.

11. (Le premier alinéa comme au projet.)

Projet de loi.   *Amendements.*

Dans le cas où elle jugerait la justification irrégulière ou insuffisante, elle les renverra devant les tribunaux pour faire statuer sur leur qualité contradictoirement avec le procureur du Roi.

S'il s'élève entre les réclamants des contestations sur leurs droits respectifs, la commission les renverra également à se pourvoir devant les tribunaux pour faire prononcer sur leurs prétentions, le ministère public entendu.

Il y sera statué comme devant les tribunaux en matière sommaire à moins qu'il ne s'élève quelque question d'Etat.

12. Quand la justification des qualités aura été reconnue suffisante, ou quand il aura été statué par les tribunaux, la commission ordonnera qu'il sera donné copie aux ayants-droit, des bordereaux dressés dans les départements, et de l'état des déductions proposées par le ministre des finances ; et elle procédera à la liquidation après avoir pris connaissance de leurs mémoires et observations.

12. (Comme au projet.)

13. La liquidation opérée, la commission donnera avis de sa décision aux ayants-droit, et la transmettra au ministre des finances, qui fera opérer l'inscription de la rente, pour le montant de l'indemnité liquidée, dans les termes et délais qui ont été prescrits.

13. (Comme au projet.)

14. Les ayants-droit pourront se pourvoir contre la liquidation de la commission devant le Roi en son conseil d'Etat, dans les formes et dans les délais fixés pour les affaires contentieuses.

14. (Comme au projet.)

Projet de loi.	*Amendements.*

La même faculté est réservée au ministre des finances.

TITRE III.

Des déportés et des condamnés.

15. Les dispositions précédentes seront applicables aux biens confisqués et vendus au préjudice des individus déportés ou condamnés révolutionnairement.

Sera déduit de l'indemnité, le montant des *bons au porteur*, donnés en remboursement aux déportés et aux familles des condamnés, en exécution des décrets des 21 prairial et 22 fructidor an III, réduit en numéraire au cours du jour où la remise leur en aura été faite.

TITRE IV.

Des biens affectés aux hospices et aux autres établissements de bienfaisance.

16. Les anciens propriétaires des biens donnés aux hospices et autres établissements de bienfaisance, soit en remplacement de leurs biens aliénés, soit en paiement des sommes dues par l'État, auront droit à l'indemnité ci-dessus réglée. Cette indemnité sera égale au montant de l'estimation en numéraire faite avant la cession.

17. En ce qui concerne les biens qui n'ont été que *provisoirement* affectés aux hospices et autres établissements, et qui, aux termes de la loi du 5 décembre 1814, doivent être restitués

TITRE III.

Des déportés et des condamnés

15. Les dispositions précédentes seront applicables aux biens confisqués et aliénés au préjudice des individus déportés ou condamnés révolutionnairement.

(Le reste comme au projet.)

TITRE IV.

Des biens affectés aux hospices et autres établissements de bienfaisance.

16. (Comme au projet.)

17. En ce qui concerne les biens qui n'ont été que provisoirement affectés aux hospices et autres établissements de bienfaisance, et qui, aux termes de l'art. 8 de la loi du 5 décembre

Projet de loi.

lorsque ces établissements auront reçu un accroissement de dotation égal à la valeur de ces biens, les anciens propriétaires ou leurs représentants pourront en demander la remise , en offrant de transmettre à l'hospice détenteur, l'inscription de rente 3 pour cent égale au montant de l'estimation qui leur aura été accordée à titre d'indemnité.

La remise des biens ne sera opérée que lorsque la rente aura été inscrite en entier au profit de l'ancien propriétaire, conformément à l'article 5 de la présente loi.

TITRE V.

Des droits des créanciers relativement à l'indemnité.

18. Les oppositions qui seroient formées à la délivrance de l'inscription de rente, par les créanciers des anciens propriétaires porteurs de titres antérieurs à la confiscation et non liquidés par l'Etat, n'auront d'effet que pour le capital de leurs créances.

Amendements.

1814, doivent être restitués, lorsque ces établissements auront reçu un accroissement de dotation égale à la valeur de ces biens, les anciens propriétaires ou leurs représentants pourront en demander la remise, *aussitôt qu'ils transmis, à l'hospice détenteur, une inscription de rente de 3 pour cent,* égale au montant de l'estimation qui leur est due à titre d'indemnité.

En ce qui concerne les biens définitivement affectés auxdits établissements de bienfaisance, les anciens propriétaires pourront, jusqu'au 22 juin 1828, en demander la remise en leur conférant une rente sur le grand-livre de la dette publique égale au revenu net de la propriété par eux réclamée.

Néanmoins ils ne pourront exercer cette faculté sur les bâtiments et propriétés accessoires qui servent de siége aux établissements, ou qui y sont immédiatement attachés.

TITRE V.

Des droits des créanciers relativement à l'indemnité.

18. Les oppositions qui seroient formées à la délivrance de l'inscription de rente, par les créanciers des anciens propriétaires, porteurs de titres antérieurs à la confiscation, non liquidés par l'Etat *et non inscrits au grand-livre,* n'auront d'effet que pour le capital de leur créance; et les anciens propriétaires ou leurs représentants auront droit de se libérer des causes desdites oppositions, en transférant aux-

Projet de loi.

Amendements.

dits créanciers, sur le montant de la liquidation en rente de trois pour cent, un capital nominal égal à la dette réclamée.

Ces créanciers exerceront leurs droits dans l'ordre des priviléges et hypothèques qu'ils avoient sur les immeubles confisqués, et l'ordre en sera fait au tribunal du domicile de l'ancien propriétaire, ou à celui d'ouverture de sa succession, quelque part que les biens fussent situés.

TITRE VI.

Des délais pour l'admission.

19. Les réclamations tendantes à obtenir l'indemnité devront être formées, à peine de déchéance, dans les délais suivants, savoir :

Dans un an, par les habitants du royaume.

Dans dix-huit mois, par ceux qui se trouvent dans les autres États de l'Europe.

Dans deux ans, par ceux qui se trouvent hors d'Europe.

Ces délais courent du jour de la promulgation de la présente loi.

20. Il sera ouvert dans chaque préfecture un registre spécial où seront inscrites, à leur date, les réclamations qui auront été adressées au préfet.

Il en sera délivré aux intéressés, en ce qui les concerne, un extrait régulièrement certifié.

TITRE VI.

Des délais pour l'admission.

19. (Comme au projet.)

20. (Comme au projet.)

ORATEURS INSCRITS

POUR ET CONTRE

LE PROJET DE LOI DE L'INDEMNITÉ.

POUR : MM. *Agier, Dupille, Desrénilly, Sirieys de May-*
rinhac, comte de Baumont, comte de Laurencin, vicomte
de Salaberry, Beaudet-Martinet, comte de Berthier, Ar-
mand d'Abancourt, de Mostuejouls, chevalier de Berbis,
Pavy, marquis de Lacaze, Piet de Grammont, chevalier de
Granville, Chifflet, de Riccard (Haute-Garonne), *marquis*
de Laboessière, de Louvigny, comte de Noailles, de Bois-
clairaux, vicomte de Castelbajac, Thiboust de Puisaet,
comte de Caumont-Laforce, marquis de Saint-Géry, comte
de Dubolderu.

CONTRE : *MM. Labbey de Pompières, Méchin, de Lézardière,*
de Thiars, Basterèche, Duplessis de Grenedan (Ille-et-Vi-
laine), *Bacot de Romand, comte de la Bourdonnaye, De-*
vaux, général Foy, Leclerc de Beaulieu, Dupont (de la
Seine), *de Vaton, Couderc, Duchesnay, Bénjamin-Con-*
stant, Bertin de Vaux, Martin de Villers, Kœclin, mar-
quis de Cambon, baron de Coupigny, Girardin, comte
Duparc, Casimir-Périer.

La discussion générale du projet de loi sur l'indemnité a commencé, à la
Chambre des députés, le 17 février 1825, elle a été fermée le 23 du même
mois. Le lendemain 24, M. Pardessus, rapporteur de la commission, a fait
le résumé de cette discussion, et les amendements suivants ont été soumis
à la délibération de la Chambre.

(*Le projet de loi amendé par la commission, précédant immédiatement la pré-*
sente liste, nous ne reproduisons ici des amendements de la commission que ceux
nécessaires à l'intelligence d'autres propositions.)

AMENDEMENTS

Proposés par la Chambre des députés.

SUR L'ARTICLE PREMIER.

Amendement proposé par M. DE COUPIGNY. — « Trente millions
de rentes, au capital d'un milliard, sont affectés à indemniser les

possesseurs actuels de biens-fonds qui ont été confisqués et aliénés en exécution des lois sur les émigrés, les déportés et les condamnés révolutionnairement ; pour lesdits biens-fonds être restitués par l'Etat aux légitimes propriétaires ou à leurs ayants-cause. » (*La question préalable ayant été adoptée, cet amendement n'a pas été discuté.*)

Amendement proposé par M. BRETON. — « Dix millions de rentes, cinq pour cent, sont affectés pour être distribués entre les Français, anciens propriétaires, soit de biens-fonds confisqués et aliénés en exécution des lois sur les émigrés, les déportés et les condamnés révolutionnairement, soit des rentes sur l'Etat dont la confiscation et la confusion ont été prononcées par les mêmes lois. La portion de chaque ancien propriétaire ne pourra excéder 10,000 francs de rente. Ne seront compris dans la distribution, les anciens propriétaires dont les biens ont été rendus en partie par suite de radiations et d'éliminations, ou bien en vertu des lois des 6 floréal an x et 5 décembre 1814 ; que si ces biens rendus ne produisent pas un revenu net de 10,000 francs, d'après l'évaluation des rôles de la contribution foncière de 1825, et jusqu'à concurrence seulement de la somme nécessaire pour leur compléter, en rentes, le revenu de 10,000 francs. » (Rejeté.)

M. MESTADIER a appuyé l'amendement de M. Breton en demandant *que le maximum fût élevé à* 20,000 *francs de rente, et le crédit à* 15 *millions de rentes* 5 *pour cent.* (*Ce sous-amendement auquel* M. Breton *a déclaré réunir son amendement a été rejeté.*)

L'amendement de la commission qui avait pour objet de commencer ainsi l'art. 1er : « Trente millions de rentes au capital d'un milliard etc. , a été adopté. »

Amendement proposé par M. HYDE DE NEUVILLE. — « Une somme qui, dans aucun cas, ne pourra excéder 30 millions de rentes, est affectée à l'indemnité des Français, etc. (*L'auteur de cet amendement s'est réuni à celui de* M. Bazyre *ci-après.*) »

Amendement proposé par M. BAZYRE. — « Cette indemnité est définitive, et, dans aucun cas, il ne pourra être affecté aucune somme excédant celle qui est portée dans le présent art. » (Adopté.)

M. BASTARRÈCHE a proposé de supprimer les mots : *au capital d'un milliard.* (Rejeté.)

Après ces mots, *sont affectés à l'indemnité*, M. GALLARD a proposé d'ajouter, *à titre de réparation et de justice.* (Point appuyé.) M. AGIER, *par forme de transaction légale.* (Rejeté.) M. Mortiflet, *à la juste indemnité.* (Point appuyé.) MM. BACOT DE ROMAND et DECOURTIVRON, *à l'indemnité due aux Français.* (Adopté.)

M. WANGEN a proposé de substituer dans l'article, aux mots *situés en France* ceux-ci : *situés sur le territoire continental de la France, tel qu'il était au* 1er *janvier* 1792. (Adopté.)

Amendement proposé par M. Delaage.—«Ladite indemnité, faisant le complément possible des remises antérieurement effectuées, ne pourra dépasser le maximum de quatre cent mille francs en capital, pour chaque titulaire primitif ou indemnisé.» (Rejeté.)

Amendement proposé par M. Duranc. — « Les rentes purement foncières, provenant de cessions ou aliénations d'immeubles, notamment celles qui auront été créées avec la réserve de rentrer en possession, en cas de non-paiement, seront regardées comme propriétés immobilières ; et l'Etat devant à ce titre la restitution des remboursements qu'il a perçus, et dont il a profité, le montant réduit des sommes versées dans les caisses publiques sera rendu aux anciens propriétaires ou à leurs ayant-droit. Il en sera de même pour les rentes foncières que l'état aurait obtenues par les partages faits avec des ascendants ou des co-héritiers d'émigrés, soit qu'ils les aient cédées ou vendues, soit qu'il en ait touché le ramortissement. Il en sera de même pour les remboursements de toutes créances appartenant à un émigré, ayant pour origine le prix d'une propriété foncière vendue par acte public, et dont les capitaux auraient été séquestrés, confisqués ou versés dans les caisses de l'Etat, et dont il aura donné quittance. » (Rejeté.)

SUR L'ARTICLE II.

Amendement proposé par M. Lezardière. — « Cette indemnité sera partagée entre tous les départements du royaume, dans la proportion déterminée par le tableau ci-annexé. Dans chaque département, la somme nécessaire pour parfaire le paiement des indemnités dues à raison des art. 3 et 4 ci-après, sera d'abord prélevée. Le reste de la part afférente à chaque département sera partagé en quatre portions égales, dont trois sont destinées à être réparties entre tous les autres ayants-droit à l'indemnité, dont les biens, situés dans le département, ont été confisqués et vendus. Cette répartition se fera au marc le franc du capital établi par une nouvelle estimation desdits biens, qui aura lieu de la manière indiquée ci-après. Le quart restant formera un fonds commun qui sera distribué entre tous les départements, de manière à rétablir autant que possible l'égalité proportionnelle dans le répartiment de l'indemnité : cette nouvelle répartition sera réglée par une loi. L'estimation des biens est fixée à cent fois le principal de la contribution foncière de 1824. A l'effet d'opérer cette évaluation, il sera créé dans chaque chef-lieu de département une commission présidée par le préfet, et composée d'autant de fois trois membres qu'il y aura de sous-préfectures dans le département. Les directeurs des domaines et des contributions directes en feront partie, avec voix consultative. Les membres de cette commission seront nommés par le Roi sur une liste triple des candidats, dont un tiers sera désigné par le conseil général, et les deux autres tiers par les conseils d'arrondissement. » (Rejeté.)

5

Amendement proposé par M. DE LA CAUSSADE.—« Il sera nommé à la diligence des préfets, une commission gratuite dans chaque canton, laquelle sera composée de cinq membres pris parmi les plus recommandables du canton. Les anciens propriétaires dépouillés, ou leurs ayants-droit, seront tenus de présenter dans un délai de..... à la commission, un état désignatif des biens qu'ils possédaient dans le canton, et d'y indiquer la valeur qu'ils prétendent que ces biens avaient au moment de la confiscation ; d'après cette donnée et la notoriété publique, la commission déterminera la valeur de ces biens à l'époque de 1790. Le tableau de ces opérations sera affiché pendant quinze jours à la porte de l'église paroissiale et de la mairie du lieu où les biens sont situés. Il sera ouvert à la mairie du chef-lieu du canton un registre destiné à recueillir les réclamations et observations auxquelles le travail de la commission pourra donner lieu ; après l'expiration de ce délai, la commission cantonale enverra à la commission départementale le tableau de ses opérations et le registre. Il sera nommé, dans chaque chef-lieu de département, une commission composée du préfet, du président de la cour royale, ou du tribunal de première instance, de deux membres du conseil général, d'un membre de chaque conseil d'arrondissement, et de deux propriétaires pris parmi les plus imposés de chaque arrondissement. Cette commission fixera définitivement les estimations, et statuera sur les réclamations des parties intéressées. Le travail des commissions départementales sera adressé au ministre des finances, et servira de base à la répartition entre les départements des 30,000,000 de rente, au marc le franc. » (Rejeté.)

Amendement proposé par M. DUHAMEL. — « La valeur qu'avaient en 1790 les biens confisqués, sera établie autant que possible par des documents authentiques, tels que matrices de rôles, états de sections, baux à fermes et autres ; mais, en cas d'insuffisance, ou faute desdits documents, il sera formé par les soins des préfets une commission proposée des notables et anciens cultivateurs du lieu, qui établiront, par notoriété publique, la valeur des biens vendus, telle que cette valeur était notoire en 1790. Dans le délai de trois mois, les évaluations ci-dessus prescrites devront être transmises par le préfet au ministre des finances ; les évaluations ainsi établies serviront de base à l'indemnité qui consistera en une inscription de 3 pour cent sur le grand livre de la dette publique. » (Rejeté.)

A cet amendement de M. DUHAMEL, M. DE LA PASTURE *avait proposé le sous-amendement suivant.* — « La répartition individuelle sera faite au centime le franc de la valeur estimative des propriétés confisquées et vendues, en prenant pour base des évaluations les valeurs de 1790 ou celles de 1824. Le Gouvernement fixera laquelle de ces deux bases doit être affectée à tel ou tel département. Le travail des évaluations sera exécuté dans les départements par les agents de l'administration, et arrêté par le préfet, jugeant en con-

seil de préfecture, qui prononçera dans la même forme sur les observations et réclamations des ayants-droit ». (Rejeté).

Amendement proposé par M. DE CHARENCEY. — « Art... Cette
indemnité consistera en une inscription de rente de 3 pour cent,
sinon égale, du moins proportionnelle au revenu brut, valeur
de 1790, multiplié par 20 des biens-fonds confisqués. —
Art... Pour l'appréciation de ce revenu, il sera formé, dans les
départements, sous la présidence des préfets, et au choix du Roi,
des commissions spéciales, qui se composeront d'un nombre de
membres des conseils-généraux et des conseils d'arrondissement
égal à celui des arrondissements que contiennent ces départements.
— Art... Afin d'agir plus rapidement, ces commissions ce divise-
ront en autant de sections qu'il y aura d'arrondissements par département; et ces sections, qui seront présidées par les sous-préfets,
s'adjoindront, en outre, deux membres choisis par elles parmi les
propriétaires à la fois les plus éclairés et les plus notables de l'arrondissement. — Art... Pour éclairer leur délibération, ces commissions, ainsi que les sections dans lesquelles elles se subdivisent,
devront recourir, 1° aux baux du temps dont les dates seront de-
venues certaines; 2° aux réglements de comptes arrêtés, lors du
séquestre, entre les fermiers des biens confisqués et la régie;
3° aux procès-verbaux d'expertise et d'adjudication qui ont préparé
ou constaté les ventes qui ont eu lieu; 4° aux rôles des contributions de diverses années qu'elles voudraient choisir; 5° aux titres
généralement et à tous les documents qu'elles pourront recueillir :
la loi abandonnera à leur conscience le soin de rapprocher et de
combiner, suivant les circonstances, tous les éléments possibles de
conviction, de la manière qu'elles jugeront la plus avantageuse.
— Art... Les évaluations admises par les sections d'arrondissement, ne seront considérées comme définitives, qu'après avoir été
approuvées à la majorité absolue des voix par les commissions auxquelles elles se rattachent. —Art... Toutefois avant de statuer, soit
provisoirement, soit définitivement sur les intérêts qu'elles appré-
cieront, les commissions et les sections seront toujours tenues
d'appeler les parties intéressées, et de les entendre dans leurs prétentions et dans leurs défenses. — Art... Toutes les évaluations
départementales terminées, afin de les rapporter à l'égalité proportionnelle, il sera établi, près du ministre des finances, un comité
central présidé par lui; et ce comité, composé d'un nombre égal de
membres de chaque chambre, nommés par le Roi, assignera, selon
qu'il le jugera juste et convenable, à chaque département, le con-
tingent qui devra lui appartenir dans la répartition générale. »
(Rejeté.)

Amendement proposé par M. DUCHESNAY. — Art.... Pour les
biens-fonds vendus en exécution des lois qui ordonnaient la recherche ou l'indication préalable du revenu de 1790, ou du revenu,
valeur de 1790, ainsi que pour les biens-fonds dont la vente a été
faite en vertu des lois antérieures au 12 prairial an III, et dont le

revenu de 1790 pourra être régulièrement constaté, l'indemnité consistera en une inscription de rentes 3 pour 100 sur le grand-livre de la dette publique, dont le capital sera égal à vingt fois le revenu, tel qu'il a été constaté par les procès-verbaux d'expertise ou d'adjudication. Pour les biens-fonds dont la vente a été faite en vertu des lois antérieures au 12 prairial an III, et dont le revenu de 1790 ne pourra pas être régulièrement constaté, l'indemnité se composera d'une inscription de rente 3 pour 100 sur le grand-livre de la dette publique, égale au prix de la vente, réduit en numéraire au jour de l'adjudication, d'après le tableau de dépréciation des assignats dressé en exécution de la loi du 5 messidor an V, dans le département où était située la propriété vendue. — Art... Pour l'exécution des dispositions de l'art. ci-dessus, il sera formé dans chaque département une commission de liquidation présidée par le préfet, et dont les membres, nommés par le Roi, n'auront aucun intérêt direct, ni indirect à l'indemnité. Chaque commission commencera ses opérations par constater le rapport existant entre le revenu de 1790 et la contribution foncière de 1825. A cet effet, elle prendra un certain nombre d'adjudications de biens confisqués, faites depuis le 12 prairial an III, à différentes époques et dans diverses parties du département. La commission fera un total du revenu de ces biens en 1790, tel qu'il a été constaté par les procès-verbaux d'expertise ou d'adjudication. La commission se procurera, en outre, l'état exact de la contribution foncière assise, en 1825, sur chacun de ces mêmes biens. Elle formera également un total de toutes ces contributions ; et ce total sera le diviseur de la somme totale du revenu de 1790. Cette opération déterminera le rapport de la contribution foncière de 1825 avec le revenu de 1790 : et ce rapport deviendra le régulateur des liquidations à faire pour les biens vendus avant le 12 prairial an III, dont on pourra connaître la contribution foncière de 1825. » (Rejeté.)

A cet amendement de M. DUCHESNAY, M. de la CAZE *avait proposé le sous-amendement suivant.* — « Art. 2. Pour les biens-fonds vendus en exécution des lois de confiscation, quelles que soient la date de ces lois et l'époque de la vente dont les procès-verbaux d'expertise ou d'adjudication constateraient ou énonceraient le revenu de 1790, l'indemnité consistera en une inscription de rente 3 pour 100, dont le capital sera égal à vingt fois le revenu de 1790. Pour les biens-fonds, dont les procès-verbaux de vente ne contiendraient qu'une simple estimation préalable, l'indemnité se composera, etc. » Le reste comme au projet avec l'amendement de la commission. (Rejeté.)

Au même amendement de M. DUCHESNAY, M. KERGARIOUX *avait également proposé le sous-amendement suivant auquel s'est réuni* M. DE LA BOISSIÈRE. — « Pour les biens-fonds vendus en exécution des lois qui ordonnaient la recherche et l'indication préalable du revenu de 1790, ou du revenu valeur de 1790, l'indemnité consistera en une inscription de rente, 3 pour cent sur le grand-livre de la dette publique, dont le capital sera égal à vingt fois le revenu de 1790 , tel qu'il se trouvera duement constaté , 1° par des baux authentiques ou ayant une date les uns et les autres antérieure à 1790 ; 2° par des registres des administrations publiques , par ceux de l'administration des domaines , et par les pièces et documents qui ont servi de bases à l'assiette de la contribution de 1790. Ces justifications seront faites dans six mois, pour tout délai, après la publication de la présente loi ; et à défaut de ces justifications , le capital de l'indemnité sera égal à vingt fois le revenu tel qu'il aura été constaté par les procès-verbaux d'expertise ou d'adjudication. Pour les biens-fonds , dont la vente a été faite en vertu de lois antérieures au 12 prairial an III , qui ne prescrivaient qu'une simple estimation préalable, l'indemnité se composera d'une inscription de rente 3 pour 100, sur le grand-livre de la dette publique , égale à vingt fois le revenu de 1790 , tel qu'il sera constaté suivant les bases ci-dessus déterminées et dans le même délai. A défaut de ces bases, l'indemnité sera égale au prix de vente réduit en numéraire au jour de l'adjudication , d'après le tableau de dépréciation des assignats, dressé en exécution de la loi du 5 messidor an V, dans le département où était située la propriété vendue. Les préfets statueront en conseil de Préfecture, après avoir entendu les ayants-droit et le directeur des domaines , sur l'évaluation des revenus et l'authenticité des baux. Quel que soit le mode de liquidation adopté conformément aux règles ci-dessus, tous les ayants-droit seront réputés avoir été provisoirement liquidés à raison de vingt fois le revenu de 1790. Lorsque le résultat des liquidations aura été connu , si les 30 millions de rente affectés à l'indemnité sont insuffisants pour acquitter l'indemnité, d'après ces bases où il resterait des sommes libres , il sera statué par une loi , avant la délivrance des trois derniers cinquièmes des inscriptions de rente , sur l'allivrement qui devra être établi entre tous les ayants-droit à l'indemnité , ainsi que sur le montant et l'emploi d'un fonds de réserve, si ce fonds est alors jugé nécessaire. « (Rejeté.)

Amendement proposé par M. Martin de Villers. — « Le capital d'un crédit alloué sera réparti entre les anciens propriétaires ou représentants, à raison du revenu de ces biens en 1790, multiplié par 20. Il sera procédé à cette répartition par des commissions départementales et une commission centrale, sur les documents qui seront spécifiés , et suivant le mode indiqué au titre II de la présente loi. » (Rejeté.)

Amendement proposé par M. de la Grandville. — « Deux tableaux de tous les biens-fonds confisqués et vendus seront faits par les commissions cantonales, et vérifiés par la commission spéciale créée en 1823. Le premier présentera les revenus imposables de ceux de ces biens qui sont cadastrés et évalués , aux termes des instructions données aux commissions en 1823. Le second présentera les revenus imposés (exercice 1824) sur ceux de ceux de ces biens non cadastrés, et qui le seront sous le plus court délai possible. Les deux tableaux alors n'en formeront plus qu'un seul, pour une même échelle de valeurs proportionnelles. Dans ces deux tableaux, une colonne de déduction énoncera les revenus imposables pour les constructions nouvelles, hausses et baisses subites, et dépenses extraordinaires faites depuis la confiscation, en sorte que la dernière colonne puisse offrir les revenus imposables aujourd'hui sur les biens confisqués et vendus. La somme des revenus imposables sera la base de la répartition, au marc le franc, de la rente afférente au département, et l'indemnisé pourra y calculer son tantième d'après le revenu imposable qui le concerne. Le vingtième de cette rente, pour les biens confisqués sera mis en réserve, et placé chez le receveur-général du département, pour compenser les inégalités entre les départements et entre les anciens propriétaires ou ayants-droit, jusqu'à l'achèvement du cadastre des biens confisqués. » (Rejeté.)

Amendement proposé par M. DE BOUVILLE : — « L'indemnité consistera en une inscription de rente égale aux trois cinquièmes du revenu brut des propriétés vendues, valeur de 1790, telle qu'elle sera constatée par les procès-verbaux d'expertise ou d'adjudication, soit par l'évaluation préalable, qui, d'après les lois, a dû être faite avant la vente, soit par le montant des impositions de l'époque, soit par les autres renseignements administratifs existant à la régie des domaines, soit par les pièces authentiques ou autres renseignements qui seront fournis par les réclamants eux-mêmes, soit enfin par la combinaison de ces différents documents entre eux.» (Rejeté.)

Amendement proposé par M. DE LASTOURS : — « La répartition de l'indemnité aura lieu en prenant pour base la contribution foncière de 1824 afférente aux biens confisqués. Néanmoins il sera fait sur chaque indemnité une retenue d'un dixième qui, avec les sommes restées libres, après l'entière liquidation, servira à augmenter proportionnellement l'indemnité des anciens propriétaires et de leurs ayants-droit qui rachèteront les biens-fonds faisant l'objet de cette indemnité, et qui, en ratifieront l'aliénation. Toutes transactions relatives à la transmission de la propriété des biens confisqués entre les possesseurs et les anciens propriétaires ou leurs ayants-droit, ne seront soumises qu'à un droit fixe d'enregistrement. » (Rejeté.)

Amendement proposé par M. DE BUROSSE. — « Les bases prescrites en l'art. 2 seront appliquées à la répartition provisoire des deux premiers cinquièmes de l'indemnité. La répartition définitive sera faite d'après les bases prescrites aux deux articles ci-après. Dans toutes les communes où se trouvent situés des biens confisqués et vendus par l'état au préjudice des émigrés, il sera fait un relevé approximatif de la part de l'imposition supportée par lesdits biens en 1824. Pour l'exécution de cette disposition, le contrôleur des contributions directes, nanti de tous les actes de vente

desdits biens que pourra lui fournir l'administration du domaine,
se rendra à jour fixé à l'avance dans chaque commune, et aidé par
le maire, les répartiteurs et autres notables (tous non émigrés,
non acquéreurs de leurs biens ni leurs ayants-droit), au moyen de
tous les documents qu'il pourra se procurer, tant par pièces authentiques que verbalement, formera un tableau ainsi ordonné
(suit le tableau). Ce travail terminé sera envoyé au préfet pour être
transmis à la commission nommée en vertu de l'art. 13 de la présente loi. Lorsque la commission aura reçu ce travail, ainsi fait
dans tout le royaume, elle réunira la somme totale des impositions
payées en 1824 par cette nature de fonds, et la prendra pour diviseur du milliard accordé à titre d'indemnité. Avant de procéder à
cette division, elle aura soin d'établir, d'après les bases prises pour
le dernier dégrèvement en 1821, un nivellement approximatif de
l'imposition entre les divers départements. (Rejeté.)

Amendement proposé par MM. De Cambon et Lemoine des Mares.
— « Pour les biens-fonds confisqués et vendus ainsi qu'il a été
dit à l'article précédent, l'indemnité se composera d'une inscription
3 pour cent sur le grand-livre de la dette publique, égale au prix
de vente réduit en numéraire au jour de l'adjudication, d'après le
tableau de dépréciation des assignats, dressé en exécution de la loi
du 3 messidor an v, dans le département où était située la propriété
vendue. Lorsque le résultat des liquidations aura été connu, les
sommes restées libres sur les 30,000,000 de rentes déterminés par
l'article 1er seront employées suivant le mode qui sera réglé par
une loi, à réparer les inégalités qui pourront ressortir de la différence du prix de vente d'après les époques, les circonstances ou
les localités. » (Rejeté.)

M. de Lastours a proposé un amendement qui consistait à établir, la première catégorie pour l'indemnité à dix-huit fois le revenu
au lieu de vingt fois. (Adopté.)

Amendement proposé par M. Du Hays : — « Pour les biens-fonds
dont la vente a été faite en vertu des lois antérieures à la loi du
12 prairial an iii, qui ne prescrivaient qu'une simple estimation
préalable, l'indemnité se composera d'une inscription de rente
3 pour cent sur le grand-livre de la dette publique, *délivrée au
taux de* 75 fr., et égale au prix de vente réduit en numéraire au
jour de l'adjudication, d'après le tableau de dépréciation des
assignats, dressé *par les commissaires de la trésorerie.* (Point
appuyé.)

La commission avait proposé d'ajouter à l'art. 2 la disposition
suivante : — « Lorsque le résultat des liquidations aura été connu,
les sommes restées libres sur les 30 millions de rente déterminés
par l'article 1er, seront employées à réparer les inégalités qui auraient pu résulter des bases fixées par le présent article, suivant le
mode qui sera réglé par une loi. » (Adopté.)

A cette disposition, M. Creuzé *avait proposé le sous-amende-ment suivant :* « Lorsque le résultat de la liquidation aura été connu, les sommes restées libres sur les 30 millions de rente dé-terminés par l'article 1er, seront annulées ou profit de l'Etat. » (Rejeté.)

Autre sous-amendement de M. Dandigné de Resteau, *auquel s'est réuni* M. d'Erceville. — « Lorsque le résultat des liquida-tions aura été connu, il sera disposé, par une loi, des sommes restées libres sur les 30 millions de rente déterminés par l'ar-ticle 1er. » (Rejeté.)

Amendement proposé par M. Foy. — « Lorsque le résultat des liquidations aura été connu, les sommes restées libres sur les trente millions de rente déterminées par l'art. 1er seront, suivant le mode qui sera réglé par une loi, employées, la moitié à réparer les iné-galités qui auraient pu résulter des bases fixées par le présent ar-ticle ; l'autre moitié à réparer le dommage qu'ont éprouvé les créanciers des émigrés liquidés en conformité aux lois révolution-naires.» (Rejeté.)

Amendement proposé par M. Josse-Beauvoir. — « Lorsque le résultat de la liquidation aura été connu, le dernier cinquième de la somme totale revenant à chaque propriétaire de biens-fonds confisqués., ainsi que les sommes restées libres sur les 30 mil-lions de rente, seront employés à réparer les inégalités qui au-raient pu résulter des bases fixées par le présent article, suivant le mode qui sera réglé par une loi ou par la présente loi, si la chambre en détermine un par un article additionnel. » (*Retiré par son auteur.*)

Amendement proposé par M. Leroux-Duchatelet. — « Lors-que le résultat des liquidations aura été connu, les sommes restées libres sur les 30 millions de rente déterminées par la loi seront employées d'abord à indemniser, le plus intégralement qu'il sera possible, les confiscations faites sur le même individu, pour cause d'émigration, dont l'ensemble ne s'éleverait pas au-dessus de quatre mille francs de revenu ; et, sur le superflu, s'il en existait, à réparer ensuite les inégalités qui auraient pu résulter des bases fixées par le présent article, suivant le mode qui sera fixé par une loi. Aucune indemnité ne sera accordée à ceux qui seront rentrés dans la possession et jouissance de leurs biens, soit par le rachat, soit par transaction ou succession, avant que la mesure ci-dessus prise ne soit déterminée. » (Rejeté.)

Amendement proposé par M. Dubourg. — « Lorsque le résultat des liquidations aura été connu, les sommes restées libres sur les 30 millions de rentes déterminées par l'art. 1er seront employées au paiement d'un supplément d'indemnité au profit de ceux qui pourront établir, par des pièces justificatives, que leur indemnité n'atteint pas dix-huit fois le revenu de leurs biens confisqués, valeur de 1790, et ce, sur leur liquidation totale faite d'après les deux bases consacrées par le présent article. En conséquence, ceux qui se prétendront lésés pourront, dans les six mois qui suivront la connaissance légale qu'ils auront de leur liquidation, faire leurs réclamations. Les demandes de cette nature seront jugées par le conseil de préfecture, après avoir pris l'avis du maire et des répartiteurs de la situation des biens, assistés du contrôleur des contributions, et revêtues de l'avis du directeur des domaines. Aussitôt que la commission centrale aura rassemblé toutes les liquidations, elle procédera à la répartition du fonds commun, qui sera distribué en commençant par ceux qui éprouvent la plus grande lésion, et ainsi successivement jusqu'à son épuisement. » (Rejeté.)

Amendement proposé par M. DE FOUGIÈRES. — « Ne seront pas admis à exercer de répétition sur le fonds commun, ceux qui, bien que lésés par le résultat de leur liquidation opérée d'après les modes fixés dans le présent article, auront cependant reçu une indemnité de 15,000 fr. de rentes, au principal de 500,000 fr. » (Rejeté.)

SUR L'ARTICLE IV.

Amendement proposé par M. DUBOTDERU : — « Lorsque les anciens propriétaires ou leurs ascendants auront acquis les biens confisqués sur leur tête, en les acquérant de l'État, l'indemnité se composera d'une inscription de rente 3 pour 100 sur le grand-livre de la dette publique, égale au prix de la vente, réduit en numéraire au jour de l'adjudication, d'après le tableau de dépréciation des assignats, dressé en exécution de la loi du 5 messidor an v, dans le département où la propriété est située. Lorsque les héritiers de l'ancien propriétaire seront rentrés directement dans la possession des biens confisqués sur lui, l'indemnité sera fixée de la même manière qu'il est dit au paragraphe ci-dessus. Dans le cas où l'ascendant du propriétaire exproprié, de même que les héritiers directs, auront racheté à ces tiers ses biens confisqués, l'indemnité sera égale aux valeurs réelles qu'ils justifieront avoir payées, sans que, dans aucun cas, elles puissent excéder dix-huit fois le revenu, tel qu'il a été constaté par les procès-verbaux d'expertise ou d'adjudication. A défaut de justification, les ayants-droit recevront une somme égale au prix de la vente réduit en numéraire au jour de l'adjudication, ainsi qu'il est exprimé au premier paragraphe du présent article. » (Point appuyé.)

A l'amendement proposé par la commission, M. MIMON DE L'EPINAY *a proposé un sous-amendement,* ayant pour objet de retrancher les femmes du nombre des personnes interposées. (Rejeté.)

Rédaction proposée par M. RICARD. — « Lorsque les anciens propriétaires seront rentrés en possession de biens confisqués sur leur tête ; après les avoir acquis de l'Etat , soit directement, soit par personnes interposées, l'indemnité, etc. » (Adopté.)

Addition proposée par M. Fouquerand, — « Les anciens propriétaires ou leurs héritiers qui seront rentrés dans les biens sur eux confisqués , en vertu d'une donation gratuite à eux faite par l'acquéreur desdits biens ou par ses héritiers , n'auront droit à aucune indemnité , à moins qu'ils ne se trouvent susceptibles du donateur. » (Rejeté.)

SUR L'ARTICLE V.

Amendement proposé par M. Sannot-Baguenault.—«Les rentes affectées à l'indemnité seront inscrites avec jouissance du 1er juillet 1825. Pour l'exécution des dispositions ci-dessus , il est ouvert au ministre des finances un crédit de 30 millions de rente , avec jouissance du 1er juillet 1825. A l'effet de pourvoir au paiement de ces nouvelles rentes, 30,000,000 de rentes, pris sur celles dont la caisse d'amortissement se trouvera propriétaire au 30 juin 1825, seront annulés en vertu de l'art. 109 de la loi des finances de 1816, de manière à laisser disponible dans le budget de la dette publique , à partir du 1er juillet, ladite somme annuelle de 30,000,000 nécessaire au service des intérêts de la rente affectée à l'indemnité. » (Rejeté.)

Amendement proposé par M. de Saint Chamans. — « Les rentes 3 pour cent accordées à titre d'indemnité seront portées au grand-livre de la dette publique, et délivrées à chacun des anciens propriétaires ou à ses représentants, *en trois paiements, savoir : un cinquième le 22 juin 1825 ; deux cinquièmes le 22 juin 1826 ; deux cinquièmes le 22 juin 1827.* » (Rejeté.)

Amendement proposé par M. d'Aboville. — « Les rentes 3 pour cent affectées à l'indemnité seront inscrites au grand-livre de la dette publique et délivrées à chacun des anciens propriétaires, ou ses représentants, ainsi qu'il suit : Toute personne qui ne sera pas comprise dans l'une des catégories d'impôt ci-après , et qui aura à réclamer personnellement ou comme héritière, sur sa quote-part , un capital de 33,000 fr. , et au-dessous , le recevra deux tiers en 1825 , et le troisième tiers dans le premier semestre de 1826.

Celui qui aura à réclamer personnellement ou pour sa quote-part, comme héritier, un capital de 30 à 40,000 francs, le recevra moitié en 1825 et l'autre en 1826 ; de 40 à 60,000 francs , sera liquidé à la fin de 1827, et par tiers chaque année; de 60 à 80,000 francs , sera liquidé à la fin de 1828 , et par quart chaque année; de 80,000 francs et au-dessus, par cinquième par année , sauf les cas ci-après : Les personnes qui paient un impôt de 1,000 à 2,000 fr. ne commenceront à recevoir une portion d'indemnité qu'à dater de 1826 , et par sixième par an; de 2,000 à 3,000 fr. , ne commenceront à recevoir une portion d'indemnité qu'à dater de 1827 , et par septième par an ; enfin, de 3,000 fr et au-dessus, ne commenceront à recevoir une indemnité qu'à dater de 1828 , et par huitième par an. Ainsi la liquidation générale sera terminée en 1835 , ou du moins les époques ci-dessus indiquées seront celles d'où dateront les intérêts. La justification de la cote d'imposition sera la même que pour les électeurs des grands collèges , et produite avec les pièces indiquées par l'art. 8. » (Rejeté.)

A cet amendement de M. D'ABOUVILLE, M. BRETON *a proposé le sous-amendement suivant :*

« « Les rentes affectées à titre d'indemnité seront portées au grand-livre de la dette publique , et délivrées à chacun des anciens propriétaires ou à ses représentants , savoir : 1° Aussitôt après la liquidation et avec jouissance du 22 juin 1825 , à ceux dont la liquidation totale ne produira pas plus de 3,000 francs de rente , et auxquels , par suite soit de radiations ou d'éliminations , soit des lois du 6 floréal an x et 5 décembre 1814 , soit d'actes administratifs , il n'aura pas été rendu de biens dont le revenu net excède une pareille somme de 3,000 fr. , d'après l'évaluation portée aux rôles de la contribution foncière de 1825. 2° Le 22 juin 1826 , et avec jouissance de cette époque , à ceux dont la liquidation totale ne produira pas plus de 6,000 francs de rente , et auxquels il n'aura pas été rendu de biens dont le revenu net excède une somme pareille. 3° Enfin par tiers , le 22 juin des années 1827 , 1828 et 1829 , avec jouissance de chacune de ces époques , pour le montant de toutes les autres liquidations , ainsi que pour toutes les sommes à prendre sur le fond commun destiné à réparer les inégalités. » (Rejeté.)

M. CLAUSEL DE COUSSERGUE *a proposé un amendement qu'il a réunie à la disposition suivante,* présentée par M. le Ministre des finances *comme sous-amendement à l'art.* 5 : « Néanmoins les liquidations donnant droit aux inscriptions inférieures à 250 francs de rente , ne seront pas soumises aux délais prescrits ci-dessus ; L'inscription en aura lieu en totalité et avec jouissance du 22 juin 1825. » (Adopté.)

Disposition additionnelle proposée par M. PAVY : — « Les parties prenantes seront tenues d'insérer dans le reçu des sommes qu'elles recevront du trésor : « De laquelle réparation je suis satisfait,
» transportant au besoin au Roi, réparateur et source de toutes légitimités , tous droits moraux et de conscience sur lesdits biens,
» m'interdissant, sur mon honneur et en loyal et fidèle sujet, toute
» récrimination ou murmure à raison de la présente quittance et
» cession. »

« Les acquéreurs auront droit d'exiger une expédition régulière de cette quittance , en payant les droits d'enregistrement et en sus les frais d'expédition , fixés à 2 pour cent , au profit du domaine qui sera tenu de les délivrer. Chaque acquéreur partiel pourra exiger pour lui un aussi grand nombre d'expéditions qu'il sera nécesssaire: les frais de ces expéditions, par duplicata, seront réduits à un demi pour cent du prix total de l'immeuble. Ces produits seront versés dans la caisse d'amortissement. » (*Cette proposition a été écartée par la question préalable.*)

Amendement proposé par M. de BEAUMONT : — « Les Français qui auront reçu , en indemnité de leurs biens vendus , des rentes 3 pour 100 , auront le droit, aussi long-temps qu'ils les conserveront, de porter 1 pour 100 du capital de ces mêmes rentes au nombre des contributions qui leur confèrent les droits de succession et d'éligibilité. » (*écarté par la question préalable.*)

SUR L'ARTICLE VII.

Amendement proposé par M. DUTERTRE. — « Seront admis à ré-clamer l'indemnité , l'ancien propriétaire ; ou à son défaut , les Français et Françaises mariées à des sujets de puissances étrangères qui étaient appelés par la loi ou par sa volonté à le représenter à l'époque de son décès , sans qu'on puisse leur opposer aucune inca-pacité résultant des lois révolutionnaires, ni de leurs renonciations.» (Rejeté.)

M. BONNET a demandé que l'amendement de M. Dutertre soit restreint au cas où la Française , mariée en pays étranger , au-rait eu à cette époque le droit de se porter héritière en France. (Rejeté.)

M. de FRENILLY avait proposé aussi ce sous-amendement. «Sont admis à réclamer l'indemnité l'ancien propriétaire , et à son dé-faut , ceux ou celles qui avaient la qualité de Français quand ils furent appelés par la loi ou par la volonté à le représenter. » (Rejeté.)

A l'amendement proposé par M. DUTERTRE *ci-dessus rapporté* , M. DELAGRANDVILLE avait proposé le sous-amendement suivant. — « Seront admis à l'indemnité, l'ancien propriétaire, et à son défaut, les héritiers (en ligne droite ou collatérale au dégré successible) qui seraient appelés à le représenter au jour de son décès , s'il a pu être légalement constaté ; et, dans le cas contraire, à l'époque de la promulgation de la présente loi ; il ne sera dû aucun droit de suc-cession pour les indemnités réclamées dans le cas du présent arti-cle et de l'article 8. » (Rejeté.)

LA COMMISSION *avait proposé d'insérer, dans l'article 7, cette dis-position* : « *sans qu'on puisse leur opposer* (aux héritiers) *aucune incapacité résultant des lois révolutionnaires , ni leur renonciation. Sur ces derniers mots,* M. CHIFFLET *a proposé d'ajouter:* leurs re-

nonciations ne pourront leur être opposées que par les héritiers qui, à leur défaut auraient, accepté la succession. » (Adopté.)

L'amendement de la commission, modifié par M. Chifflet, a été adopté.

SUR L'ARTICLE VIII.

Amendement proposé par M. DE COUTARVEL. : — « Pour obtenir l'indemnité, les anciens propriétaires ou leurs représentants devront se pourvoir devant le préfet du département où sont situés les biens vendus ; le préfet transmettra la demande à une commission réunie au chef-lieu, et composée de cinq membres ; savoir : le préfet, un membre du conseil-général, un juge du tribunal de première instance, le directeur des douanes et le secrétaire général de la Préfecture ; cette commission recevra les demandes, réglera les bordereaux, qui seront ensuite communiqués aux réclamants, et adressés par le préfet au ministre des finances. Il y joindra l'avis de la commission motivé, qui portera tant sur les droits et qualités des réclamants, que sur les énonciations des bordereaux et les observations ou réclamations qu'elle avait reçues. » (Rejeté.)

SUR L'ARTICE IX.

Sous-amendement proposé par M. DUBAYS : — « 5° Si des bons au porteur n'ont pas été donnés aux déportés et aux familles des condamnés, en exécution des décrets des 21 prairial et 22 fructidor an III. Art. 10 (fraction de l'art. 9), il sera dressé un état des déductions à opérer, *réduites en numéraire au cours du jour où les remises ou paiements auront eu lieu*, et dans lesquelles ne seront, sous aucun prétexte, comprises les sommes payées à titre de secours aux femmes et enfants, les gages des domestiques et autres charges de la même nature acquittées par l'état pour le compte du propriétaire dépossédé. Quel que soit le total de ces déductions, il ne pourra diminuer l'affectation de 30 millions fixés par l'art. 1er. Art. X (auparavant art. 10) le bordereau, etc. » (*Point appuyé.*)

SUR L'ARTICLE X.

Disposition additionnelle proposée par M. DE COLLIGY : — « Tous les départements seront divisés en cinq séries, qui seront appelées par la voie du sort à faire liquider leurs droits à l'indemnité. Aucune liquidation n'aura lieu avant que celles de la série en tour ne soient terminées. Toute demande en liquidation qui n'aura pas été présentée pendant qu'on s'occupait de la série dont elle faisait partie, ainsi que celles qui, faute d'être en règle, n'auront pas été admises en temps utile, seront ajournées jusqu'après l'opération générale. » (Rejeté.)

SUR L'ARTICLE XI.

La commission a proposé deux amendements ; le premier consiste à ajouter à la fin du dernier paragraphe les mots : « *Sur simple mémoire et sans frais.* » (Rejeté.) Le second a pour objet cette addition : « *Il y sera statué comme en matière sommaire, à moins qu'il ne s'élève quelque question d'État.* » (Adopté.)

SUR L'ARTICLE XII.

Addition ·proposée par M. BACOT DE ROMAND : Elle consistait à ajouter après les mots *La commission ordonnera qu'il sera donné copie aux ayants-droit des bordereaux dressés dans les départements, et de l'état des déductions proposées par le ministre des finances.* Ceux-ci: *Et par lui vérifiés sur pièces ou registres.* (Rejeté.)

Amendement proposé par M. LE ROY : — « Mais il ne pourra en aucun cas être exercé aucune espèce de recours pour raison des liquidations de créances, ces liquidations étant et demeurant définitives. »

Addition proposée par M. BONNET, *à l'amendement de* M. LE ROY *ci-dessus :* — « Si ce n'est dans les cas où l'indemnisé rapporterait la preuve légale d'un double paiement, et alors il aurait droit seulement à se faire restituer par le créancier liquidé, a valeur de la liquidation appréciée à l'époque où elle a été délivrée. » (*Ces amendements et sous-amendements ont été retirés par leurs auteurs, sur les explications données par le ministre des finances.*)

SUR L'ARTICLE XIV.

Disposition additionnelle proposée par M. FOY : — « Des extraits des bordereaux de liquidation, portant indication : 1° des noms du dépossédé et de l'indemnisé ; 2° des biens confisqués ; 3° de la quotité de chaque indemnité, seront affichés avant l'inscription de rente, dans le département et la commune de l'indemnisé, ainsi que dans le département et la commune où sont situés les biens dont l'aliénation donne lieu à l'indemnité. » (Rejetée.)

Amendement proposé par M. BENJAMIN CONSTANT, ayant pour objet que la liste des indemnisés, avec le montant de chaque indemnité, soit imprimée et distribuée aux chambres. (Rejeté.)

SUR L'ARTICLE XV.

LA COMMISSION a proposé de substituer le mot *aliénés* au mot *vendus*. (Adopté.)

Disposition additionnelle proposée par M. Du PARC : — « Les déportés et leurs ayants-droit, comme aussi les héritiers des condamnés, ne pourront réclamer l'indemnité sur des biens provenant d'émigrés qui auraient été achetés sous le régime de la confiscation, à moins qu'ils ne fussent les héritiers en ligne directe des anciens propriétaires.» (Rejetée.)

Sous-amendement proposé par M. DE LAURENCIN *à la disposition additionnelle de* M. DUPARC *ci-dessus*, ayant pour objet de retrancher de cette disposition les mots *en ligne directe*. (Rejeté.)

Disposition additionnelle proposée par M. DE LAURENCIN : — « Les dispositions précédentes seront de même applicables aux maisons confisquées et démolies dans la ville de Lyon après le siége, et en exécution des mesures révolutionnaires ; L'évaluation des maisons sera faite d'après la contribution foncière de 1793. Sera déduite de l'indemnité la valeur du sol et des matériaux qui ont été restitués aux propriétaires ou à leurs ayants-droit. » (Rejetée.)

Amendement proposé par M. PARDESSUS, ayant pour objet d'étendre cette mesure *à toutes les maisons et édifices confisqués et démolis en exécution des lois révolutionnaires.* (Rejeté.)

SUR LES ARTICLES XVI ET XVII.

Amendement proposé par M. DE BERBIS, auquel, MM. DE LA POTHERIE, DE BERBIS et DUPLESSIS - GRENEDAN ; ont déclaré réunir ceux que chacun d'eux avait proposés : — « Les biens donnés ou affectés définitivement ou provisoirement aux hospices ou autres établissements de bienfaisance, soit en remplacement de leurs biens aliénés, soit en paiement des sommes dues par l'État, seront restitués à leurs anciens propriétaires, et, à leur défaut, à leurs représentants. Une indemnité égale au montant de l'estimation en numéraire faite de ces biens avant leur cession sera allouée auxdits hospices et autres établissements de bienfaisance, en rentes 3 pour 100, inscrites conformément à l'article 5 de la présente loi :

« Toutefois, les anciens propriétaires, et à leurs défaut, leurs représentants, seront obligés de s'engager envers lesdits établissements à leur compléter chaque année le revenu des rentes 3 pour 100, jusqu'à leur entière inscription. » (Rejeté.)

SUR L'ARTICE XVII.

Amendement proposé par M. Mousnier Buisson : — « Les dispo-sitions des deux articles précédents ne sont pas applicables aux anciens propriétaires des biens-fonds affectés et concédés gratui-tement au nom de l'État par des lois , décrets et autres actes des gouvernements intermédiaires à des services publics , autres que ceux de bienfaisance. Lesdits propriétaires ou leurs héritiers ren-treront immédiatement en possession desdits fonds , s'il ne leur ont été déja rendus en vertu de la loi du 5 décembre 1814 , sans pré-judice à l'indemnité à laquelle ils auraient droit pour raison de non - jouissance , à dater de la promulgation de la susdite loi. » (*L'auteur n'a point insisté.*)

Amendement proposé par M. Mestadier. — « En ce qui con-cerne les biens définitivement et gratuitement concédés , soit à des départements , soit à des établissements publics , l'indemnité en sera réglée conformément à l'article 16. À défaut d'estimation an-térieure à la cession desdits biens , il y sera procédé contradictoi-rement sur le pied de la valeur de 1790. » (Adopté.)

SUR L'ARTICLE XVIII.

Amendement proposé par M. Jacquinot-de-Pampelune. — « Les oppositions qui , dans les six mois de la publication de la présente loi , seront formées à la délivrance de l'inscription de rente par les créanciers des anciens propriétaires , porteurs de titres antérieurs à la confiscation , non liquidés par l'État , et non inscrits au grand-livre , n'auront d'effet que pour le capital de leurs créances , et con-serveront à ces créanciers le rang des priviléges et hypothèques qu'ils avaient sur les immeubles confisqués. Dans tous les cas , l'or-dre ou la distribution seront faits , s'il y a lieu , au tribunal du domicile de l'ancien propriétaire ; ou à celui de l'ouverture de la succession , quelque part que les biens fussent situés. » (Rejeté.)

Aux mots : *non liquidés par l'État*, la Commission avait proposé d'ajouter ceux-ci : *et non inscrits au grand-livre*. Le ministre des finances a proposé de substituer : « *non liquidés et non payés par l'État.* » (Adopté.)

Sous-amendement proposé par M. Mestadier , ayant pour objet d'autoriser les créanciers des émigrés dont les biens ont été confis-qués , à payer eux-mêmes leurs dettes avec les rentes qu'on leur donnera. (Retiré par son auteur.)

Sous-amendement proposé par M . de Caumont-la-force , ten-dant à ce que les créanciers opposants à la délivrance de l'in-

scription de rente soient payés progressivement et proportionnellement aux cinq échéances voulues par la présente loi. » (Rejeté.)

Amendement proposé par M. Petit-Perrin. — « Sans qu'il
puisse être opposé auxdits créanciers aucune prescription ni déchéance qui n'auraient pas été acquises avant 1790. » (Rejeté.)

Sous-amendement proposé par M. Bonnet , à l'amendement de
M. Petit-Perrin ci-dessus , et tendant à ce qu'il soit ainsi rédigé:
« Sans qu'on puisse opposer pour la prescription tout le temps qui
s'est écoulé depuis le moment de la déchéance jusqu'au jour de la
demande. » (Retiré d'après des explications données par M. le
Garde des sceaux.)

M. Jacquinot de Pampelune a demandé qu'on ajoutât au mot *ordre*, la *distribution*, et en outre les mots , *s'il y a lieu*. » (Adopté.)

Disposition additionnelle proposée par M. Mestadier : « Ne sera
pas compté pour l'accomplissement de la prescription , l'intervalle
écoulé entre la déchéance prononcée contre les créanciers porteurs
de titres antérieurs à la confiscation et à la publication de la présente
loi , ou la remise de tout ou partie des biens confisqués , faite , soit
en vertu du sénatus-consulte du 6 floréal an x , soit en vertu de la
loi du 5 décembre 1814. La présente disposition ne préjudiciera
pas aux droits acquis à des tiers avant la publication de la présente
loi. » (Rejeté.)

Amendement proposé par M. Foy , ayant pour objet de déterminer que les créanciers des anciens propriétaires porteurs de titres
antérieurs à la confiscation , non liquidés par l'État et non payés ,
seront admis à réclamer en leur nom la portion qui peut leur appartenir dans l'indemnité due aux anciens propriétaires , lorsque
ceux-ci ou leurs ayants-cause négligeront de le faire. (Retiré sur
les explications données par M. de Martignac.)

SUR L'ARTICLE XX.

M. Jacquinot-de-Pampelune a proposé d'ajouter à la fin du 1er
paragraphe , ces mots : « *ainsi que le résultat de chacune des liquidations , lorsqu'elle aura été terminée.* » (Adopté.)

Il a demandé aussi qu'on rédigeât ainsi le second paragraphe :
« Des extraits régulièrement certifiés de ce registre , seront délivrés
à toutes personnes qui auront intérêt à le réclamer. » (Adopté.)

DISPOSITIONS GÉNÉRALES.

Article additionnel proposé par M. de Charencey. — « Il sera
annuellement distribué aux Chambres avec les projets de loi des
comptes , des états détaillés de toutes les liquidations arrêtées conformément aux dispositions de la présente loi , pendant l'exercice
auquel se rapporteront ces projets. » (Adopté.)

M. Casimir Perier a demandé que les sommes provenant des 30,000,000 de rentes qui n'auraient pas été employées dans les 3 mois de chaque liquidation, soient versées à la caisse des dépôts et consignations. (point appuyé.)

Article additionnel proposé par M. Chifflet.— « Les dispositions de la présente loi seront applicables aux biens-fonds situé sur toutes les parties du territoire actuel, qui n'auraient été réunies que postérieurement au 1er janvier 1792. » (Adopté comme devant faire partie de l'art. 1er.)

M. Potteau d'Hancardrie a proposé la rédaction suivante : « Les dispositions de la présente loi sont applicables aux biens-fonds situés sur les parties du territoire qui auraient été réunies à la France postérieurement au 1er janvier 1792. » (Rejetée).

Article additionnel proposé par M. Hyde de Neuville : — « La perte de la qualité de Français ne pourra être opposée aux émigrés à qui cette qualité de Français aura été rendue par ordonnance du Roi, dans le délai d'un an, à compter de la promulgation de la présente loi. A l'égard des filles d'émigrés mariées à des étrangers avant la restauration, elles pourront obtenir l'indemnité, si le Roi, prenant en considération leur position juge à propos de les y autoriser. » (Rejeté.)

Article additionnel proposé par M. Duhamel, et auquel MM. Leclerc de Beaulieu, Leroux, Duchatelet et Delagranville ont déclaré réunir ceux que chacun d'eux avait proposés. — « Pendant cinq ans, à compter de la promulgation de la présente loi, tous actes translatifs de propriété faits par le possesseur de biens d'émigrés, de condamnés ou de déportés, et relatifs auxdits biens, avec l'ancien propriétaire ou ses héritiers, ne seront soumis qu'à un droit fixe d'enregistrement de 3 francs. » (Adopté.)

Article additionnel proposé par M. Jacquinot-de-Pampelune. — « Le premier alinéa de l'art. 19 du Code civil ne pourra être opposé, relativement à l'exécution de la présente loi, aux Françaises, veuves ou descendantes des émigrés, lesquelles auraient contracté mariage avec des étrangers antérieurement au 1er avril 1814. » (Adopté.)

Article additionnel proposé par M. du Parc. — « Les individus qui possédaient des rentes sur l'Etat, qui ont été confisquées pour cause d'émigration, et desquelles le gouvernement a seul profité, ne se trouvant pas compris dans la loi, sont néanmoins relevés de la déchéance qu'on pourrait leur opposer, et sont admis à demander à être liquidés comme l'ont été les autres créanciers de la dette publique, aussitôt que l'Etat, pour effacer les dernières traces de la confiscation, pourra faire droit à leur demande. » (Cet amendement n'est point appuyé.)

Article additionnel proposé par M. HAY. — « Conformément à l'art. 9 de la Charte constitutionnelle, et au moyen des dispositions de la présente loi, sont maintenus et sortiront leur plein et entier effet, tant à l'égard de l'Etat qu'à l'égard des indemnisés et des tiers, toutes décisions administratives, tous jugements rendus avec l'administration, toutes liquidations de créance, tous droits acquis, et en général les actes et jugements de toute nature, émanés soit de l'administration, soit des tribunaux ; ayant pour objet les biens ou droits spécifiés dans la présente loi ; sans que dans aucun cas lesdits actes, jugements, décisions, liquidations, puissent être attaqués par quelque personne et pour quelque cause que ce soit. » (Rejeté.)

M. JACQUINOT-DE-PAMPÉLUNE a averti qu'il avait omis d'insérer dans son amendement les mots ; *déportés ou condamnés révolution-nairement.* (Cette addition est consentie.)

N. B. Le 15 mars, la Chambre des députés a voté sur l'ensemble de la loi ; voici le résultat : Nombre des votants 383 ; boules blanches 259 ; boules noires 124.

Ce projet ainsi voté par la Chambre des députés, a été porté à celle des pairs le 16 mars 1825 ; une commission a été nommée, et le 6 avril suivant, M. DE PORTALIS, *chargé du rapport de cette commission ; a porté la parole en ces termes :*

MESSIEURS,

Un projet de loi *tendant à indemniser les anciens propriétaires des biens-fonds confisqués et vendus au profit de l'Etat, en vertu des lois révolutionnaires,* vous a été présenté, au nom du Roi, le 15 du mois dernier.

Son importance, le nombre et la nature de ses dispositions, ont déterminé vos seigneuries à charger, de son examen, une commission de sept membres, sans doute pour qu'il fût soumis à une discussion préalable plus approfondie.

Pour se conformer aux intentions de la chambre, cette commission s'est livrée au travail qui lui était imposé, avec un zèle infatigable et l'attention la plus scrupuleuse. Elle a pesé soigneusement les grands intérêts de la société, et les droits non moins sacrés de la propriété privée, ce que commandait la justice, et ce que conseillait la politique, qui est comme une seconde justice ; car elle a essentiellement pour objet d'acquitter, envers tous les citoyens, la principale dette de l'État, le maintien de la paix et de la sûreté publique.

Votre commission a pensé que, dans la circonstance présente, la chambre des pairs devait user, avec une extrême réserve, du droit qui lui est accordé par la Charte, de concourir à l'amélioration des lois, en les amendant. Mais elle a jugé qu'il était de son devoir de rappeler les principes éternels du droit naturel et des gens, les maximes fondamentales de l'ordre social, qui ont inspiré la pensée salutaire du grand acte de réconciliation et de réparation, pour lequel on demande votre assentiment. Elle a cru qu'il lui appartenait de reporter vers le Roi, qui a voulu, dans sa sagesse et dans sa bonté, fermer enfin la plus profonde plaie de la révolution, ces sentiments de respectueuse reconnaissance, qui sont éminemment dus à de si bienfaisantes et de si généreuses intentions.

Organe de votre commission, je viens vous rendre compte de ses observations et de son travail.

Le projet de loi qui vous est soumis contient d'abord une disposition principale; il déduit ensuite les conséquences qui en dérivent; il prescrit enfin les mesures qui doivent en assurer l'exécution.

Cette disposition principale peut se subdiviser en trois propositions distinctes.

Il est alloué une indemnité aux Français dont les biens-fonds, situés en France ou qui faisaient partie du territoire de la France au 1er janvier 1792, ont été confisqués et aliénés, en exécution des lois sur les émigrés, les déportés et les condamnés révolutionnairement.

Cette indemnité leur était due.

Elle est définitive, et demeure à jamais fixée à 30,000,000 de rentes 3 pour cent, au capital d'un milliard; dans aucun cas, il ne pourra y être affecté aucune somme qui excéderait cette quotité.

L'allocation d'une telle indemnité est-elle juste? est-elle politique? Telle est la première question que votre commission a dû se proposer.

Serait-il vrai, nobles pairs, qu'elle fût difficile à résoudre?

Pour en juger, jetons un coup d'œil rapide sur les événements qui ont amené les spoliations dont le projet de loi a pour but d'assurer la réparation, et sur la législation qui les a consommées.

De notables changements s'étaient insensiblement opérés, durant le cours d'un demi-siècle, dans les opinions et dans les esprits. Si les mœurs générales étaient disposées à de salutaires améliorations, de funestes doctrines avaient déposé, dans le sein de l'ordre social, les germes des plus terribles catastrophes. Le plus juste et le mieux intentionné des rois, après avoir fait disparaître de cette terre de franchise, les dernières traces de la servitude, et de notre procédure criminelle; le barbare usage de la torture, après avoir accordé la tolérance civile à ceux de ses sujets qui ne professaient pas la religion dominante, manifesta l'intention d'asseoir désormais les libertés publiques sur des bases certaines et inébranlables. Mais il était réservé à celui de ses successeurs que la Providence destinait, après de longues calamités, à restaurer un jour la monarchie, de consommer en d'autres temps l'heureuse alliance du pouvoir et de la liberté.

De funestes combinaisons, que la bonté de Louis XVI n'avaient pas prévues, vinrent déjouer les projets de sa sagesse, ses plans de réformation échouèrent, et l'on vit disparaître, au milieu des tempêtes d'une révolution en fureur, le Roi, nos vieilles institutions, et la monarchie elle-même.

La société fut subitement envahie par des barbares sortis de ses propres entrailles. On prétendit tout recommencer chez une nation qui marchait depuis deux siècles à la tête de la civilisation européenne. Il fallait effacer tous ses souvenirs, détruire tous ses monuments, renouveler, par le sang, sa population toute entière. Dèslors, une expropriation universelle fut résolue.

Voyons de quelle manière on y procéda.

Vainement l'assemblée constituante, réalisant le vœu des sages de tous les pays et de tous les siècles, avait, par un décret revêtu le 21 janvier 1790 de lettres patentes du Roi, effacé la confiscation du nombre des peines portées par nos lois criminelles. Le 30 août 1792, vingt jours après le renversement du trône, un autre décret l'y inscrivit de nouveau.

Mais si des condamnations et des confiscations individuelles peuvent suffire à l'avidité d'un tyran, les révolutions sont plus exigeantes. Aussi les partis impatiens qui se disputaient, en France, le sceptre dévorant de l'anarchie, ne tardèrent-ils pas à reconnaître qu'il fallait d'autres moyens pour arriver à l'entier déplacement de la propriété.

Et le 2 septembre, sous d'exécrables auspices, un nouvel acte de l'assemblée législative vint associer les proscriptions en masse aux assassinats judiciaires et aux massacres ; en décrétant un nouveau genre de confiscation ; il déclara, dès cet instant, les biens des émigrés acquis à l'État.

Cette mesure parut encore insuffisante. Pour frapper les biens de confiscation, on avait assimilé les émigrés aux condamnés : pour atteindre le même but, on créa des émigrés par assimilation. Un décret du 23 juillet 1793 déclara émigrés, les Français étrangers aux villes de Lyon, de Marseille, de Bordeaux, de Caen, de Toulon, et autres, qui n'en sortiraient pas dans les vingt-quatre heures. Les prêtres *reclus* furent réputés émigrés (1). Journellement, des administrations de département déclaraient définitivement émigrés, en visant les preuves légales de leur résidence en France, ceux dont il leur plaisait de révoquer le civisme en doute. Des individus décédés plusieurs années avant la révolution, étaient supposés vivants pour être inscrits sur le livre de mort et on opérait par ce moyen la spoliation de leur famille. Une riche succession venait-elle à s'ouvrir, une inscription collective constituait émigrés, sans les désigner nominativement, tous ceux qui auraient

(1) Décret du 22 ventose an II.

pu prétendre à la recueillir. Préludant à la spoliation des pauvres, et, joignant la dérision à la rapine, on ne rougissait pas d'inscrire jusqu'à des hôpitaux sur la liste des émigrés ou plutôt sur le bordereau des confiscations (1). Enfin, un décret (2) de la convention, prononça la confiscation des biens de tous les ennemis de la révolution.

C'est à l'aide de tels moyens que la tyrannie révolutionnaire procédait, en France, au renouvellement de la société politique.

Toutefois, la révolution elle-même recula devant son propre ouvrage.

La convention, affranchie du joug de ses bourreaux, ordonna (3) que les biens des condamnés, qui se trouvaient encore dans la possession du domaine, seraient rendus en nature à leurs familles, et que le prix des biens aliénés leur serait remboursé. Plus tard, elle accorda les biens des prêtres déportés à leurs héritiers (4).

Enfin, quand sur les ruines de l'anarchie directoriale un nouveau gouvernement s'établit, qui reconnut la nécessité de raffermir sur ses véritables bases l'ordre social si profondément ébranlé, une disposition insérée dans une des lois fondamentales de cette époque, déclara solennellement que tout Français dont les biens auraient été vendus par erreur, comme faisant partie des propriétés d'un émigré, recevrait une indemnité (5). Bientôt un sénatus-consulte permit au plus grand nombre des émigrés de revoir le sol natal, et ordonna que cette partie de leurs biens qui n'était pas vendue ou aliénée et que le Gouvernement n'avait pas réunie au domaine de l'Etat, leur serait rendue (6).

Lorsque la convention elle-même a reconnu que les enfants et les héritiers des condamnés, dont les biens avaient été confisqués et vendus en exécution des lois révolutionaires, devaient recevoir le remboursement du prix de ces mêmes biens : lorsque le Gouvernement consulaire a proclamé la nécessité d'indemniser le propriétaire spolié, au nom de l'Etat, d'un bien dont il avait été injustement dépossédé ; après la restauration et sous l'empire de cette Charte qui a aboli la confiscation (7) par une disposition que je nommerai *glorieuse et presque céleste* (8), pour emprunter la belle

(1) L'hôpital de la ville de Nantes fut porté sur la liste des émigrés, dans le district d'Ancenis, où il était propriétaire.

(2) Décret du 8 ventose an 11.

(3) Décret du 21 prairial an 3.

(4) Décret du 21 fructidor an 111.

(5) Acte du 22 frimaire an viii, art. 94.

(6) Sénatus-consulte du 6 floréal an x.

(7) Charte constitutionnelle, art. 66.

(8) C'est ainsi que Cicéron qualifie la conduite de Brutus, qui, en faisant condamner les partisans de César, ne voulait pas que l'on touchât aux biens de ceux même que l'on était forcé de punir. *Res à te gesta memorabilis et pene cœlestis.* Cic. ad Brut., *epist.* 7.

expression de l'orateur romain ; par quelle fatalité serions-nous réduits à démontrer aux pairs du royaume, qu'il est juste d'allouer une indemnité aux Français dont les biens fonds ont été confisqués et aliénés, en exécution des lois sur les émigrés, les déportés et les condamnés? Il faudrait donc démontrer aussi l'injustice de ces déportations arbitraires, et de ces monstrueux jugements? Serions-nous condamnés à absoudre de sa fidélité et de son courageux dévouement, le vertueux Malesherbes; de sa piété paternelle, le le respectable Angran-d'Alleray; de leur 'opposition inébranlable aux entreprises révolutionaires du directoire, l'éloquent Tronson-du-Coudray ou l'infortuné Murinais; de leur persévérance dans la foi, tant de vénérables martys, expirant sur les sables brûlants de Sinnamary, en priant pour leurs persécuteurs?

Et quand ces principes d'éternelle raison, qui dominent dans tous les pays la législation positive, ne nous diraient pas qu'il implique contradiction de considérer comme justes et légales, après la restauration de la monarchie, des condamnations prononcées contre les défenseurs de la royauté, et de légitimer la proscription des serviteurs du monarque, lorsque celui-ci a recouvré le libre usage de son autorité souveraine et de ses droits imprescriptibles, il faudrait examiner au moins en vertu de quels actes ces proscriptions et ces condamnations ont été prononcées, et si ce n'est pas en force de ces lois inconciliables avec la Charte, et qu'elle a implicitement révoquées par les dispositions de son article 68 ! Or, qui pourrait douter que des lois pénales, portées contre des Français fidèles à leur Roi, ne soient de leur nature incompatibles avec la Charte, qui a renoué la chaîne des temps, qui a reconstitué la monarchie, et qui est l'ouvrage et le bienfait du Roi?

L'injustice de l'expropriation étant démontrée, la justice de l'indemnité devient évidente, s'il est prouvé que la restitution en nature soit impossible.

Or, après une longue révolution, lorsque le pouvoir que divers partis s'étaient arraché tour-à-tour, échappe enfin, par l'abus même qu'elle en a fait, à la main puissante qui semblait l'avoir saisi pour toujours, la lassitude et le besoin de l'ordre finissent par rapprocher les citoyens. Ils cherchent le repos à l'ombre même du trône héréditaire, que les fureurs révolutionnaires avaient juré de ne laisser jamais rétablir. D'une part, la paix et la justice sont alors les premiers besoins d'un peuple, réconcilié avec son Roi, avec l'ordre légitime, et avec soi-même; de l'autre, l'esprit de conservation et l'esprit d'amélioration président à tous les actes d'une restauration paternelle. Les lois que le Roi promulgue, à cette époque solennelle pour la pacification intérieure, ne sont point un traité de paix proprement dit, puisqu'il ne les délibère qu'avec lui-même et qu'elles émanent de sa libre et indépendante volonté; mais elles en ont le religieux et sacré caractère comme les salutaires effets; c'est par elles que le Roi prononce sur les aliénations des biens confisqués, ordonnées au nom de l'État, durant le cours des discordes civiles, et si l'intérêt de l'État l'exige, il peut et doit les maintenir.

En effet, tous les publicistes reconnaissent (1) que, dans une grande nécessité, le souverain peut, pour l'utilité publique, disposer des biens de ses sujets, même malgré eux, comme s'ils lui appartenaient. Alors il agit non comme propriétaire de ces biens, mais comme chef et tuteur de la société, en faveur de laquelle chacun de ceux qui la composent s'est engagé ou expressément ou tacitement à faire un tel sacrifice. Grotius (2) ajoute même que l'État, ou ceux qui le représentent, peuvent se servir des biens des citoyens, les détruire et les aliéner non-seulement dans le cas d'une extrême nécessité, qui donne aux simples particuliers quelques droits sur les biens d'autrui, mais encore pour la seule utilité publique, à laquelle l'utilité particulière doit céder, selon l'intention raisonnablement présumée de ceux qui ont formé les sociétés civiles.

Or, le Roi législateur, de glorieuse mémoire, a usé de ce droit incontestable en rentrant dans ses états. Cette immortelle déclaration de Saint-Ouen (3) dans laquelle nous retrouverions encore la garantie de toutes nos institutions et de tous les droits publics et privés des Français, si la Charte n'existait pas, porte les termes exprès, que *les propriétés seront inviolables et sacrées, et que la vente des biens nationaux est irrévocable.* Ces dispositions ont été confirmées par l'art. 9 de la Charte; à cet égard tout est consommé.

Malheureusement, on est allé jusqu'à dire qu'il ne fallait pas séparer ces actes du temps et des circonstances où ils furent publiés; que si le Roi avait dû songer avant tout à rétablir l'autorité royale, il devait être permis à son successeur de peser ce que des conseils perfides et l'erreur sur le véritable état des choses avaient pu changer à ses premiers desseins, et qu'il était toujours loisible de revenir aux règles immuables de la justice.

Nous ne nous arrêterons pas, nobles pairs, à repousser devant nous de pareilles doctrines, si tout n'était important quand il s'agit de la paix publique, de la foi en la parole royale, de l'inviolabilité des promesses de la restauration, et des lois fondamentales; si les passions et les intérêts n'étaient pas toujours disposés à accueillir les sophismes et prêts à en abuser; si les esprits inquiets et ébranlés n'avaient besoin d'être calmés par votre sagesse, comme ils sont rassurés journellement par la confiance que leur inspire le noble et loyal caractère d'un Roi qui unit, à l'honneur et aux vertus chevaleresques de François Ier, la conscience et les vertus chrétiennes de saint Louis.

« Il est certain, en général, que toute loi est susceptible d'abrogation et de rapport, » disait en combattant les révolution-

---

(1) Barbeyrac, sur Grotius. *Droit de la guerre et de la paix*, tom. 1 liv. 1, chap. 1er, § 6 (4), p. 56, form. in-4°; Le Bret, *de la Souveraineté du Roi*, liv. IV, chap. 11.

(2) Grotius. *Ibid.*, tom. II, liv. III, chap. 20, § 7, pag. 473.

(3) Déclaration du Roi du 2 mai 1814.

naires qui voulaient aussi révoquer une amnistie que la révolution,
en d'autres temps, avait accordée aux royalistes, un orateur (1)
qui fut plus tard proscrit par ses adversaires ; « il est certain que
» toute loi est susceptible d'abrogation ; mais ce principe n'est pas
» sans exception : il ne peut être appliqué qu'aux lois qui ont trait
» au temps, et qui, dans leur exécution successive, ont toujours
» un avenir devant elles. Mais celles qui sont consommées par un
» seul acte, et qui produisent tous leurs effets dans un même in-
» stant, ne sont et ne peuvent être sujettes à rapport ; car il n'y a
» que l'avenir qui soit du domaine du législateur ; et dans l'espèce
» de loi dont nous parlons, le législateur ne pourrait opérer que
» sur le passé, qui n'est plus en son pouvoir. Or, une loi d'am-
» nistie doit être rangée dans la classe de celles qui sont con-
» sommées par un seul acte. »

Ces principes sont applicables dans l'espèce. En effet, la ratification des ventes des biens nationaux par le Roi, est relativement
aux biens, ce que l'amnistie est relativement aux personnes.

Elle abolit les vices et les nullités qui infectaient les actes translatifs de propriété, comme l'amnistie abolit les délits ou les crimes
dont un grand nombre d'individus se sont rendus coupables. Elle
ne laisse ouverte aucune voie légale ou judiciaire à ceux qui auraient intérêt d'attaquer les ventes ainsi ratifiées, comme l'amnistie
laisse les tribunaux et les juges sans caractère et sans autorité
pour rechercher, poursuivre, et punir les auteurs des délits am-
nistiés.

Au reste, les faits viennent à l'appui de cette doctrine ; et
en 1817, le Gouvernement du Roi y a rendu solennellement
hommage. Il s'agissait à cette époque d'une disposition du concordat de 1801, qui a une grande analogie avec la question actuelle. Par l'article 13 de ce traité, le souverain Pontife a déclaré
que, *ni lui ni ses successeurs ne troubleraient en aucune manière*
les acquéreurs des biens ecclésiastiques aliénés, et qu'en conséquence
la propriété de ces mêmes biens, les droits et revenus y attachés,
demeureraient incommuables entre les mains des acquéreurs ou
celles de leurs ayants-cause (2). Cet article n'a pas été reproduit
dans le concordat de 1817, et M. le ministre de l'intérieur (3)
disait à ce sujet, à la chambre des députés : « cette disposition ne
» pouvait retrouver place dans le nouveau concordat, parce qu'elle
» n'a été que *l'exercice d'un droit désormais épuisé.* Aussi le sou-
» verain Pontife s'est-il borné à faire une nouvelle déclaration,
» contenue dans un acte récent, authentique et solennel. » La

(1) PORTALIS. Conseil des Anciens. Opin. sur la résol. relative au décret du
3 brumaire, séance des 10 et 11 frimaire an v, page 17.

(2) Convention entre le Gouvernement français et S. S. Pie VII, échangée
le 10 septembre 1801, art. 13, p. 6.

(3) Exposé des motifs du projet de loi présentée par S. Exc. le ministre de
l'intérieur (M. le vicomte Lainé) sur le concordat. Chambre des députés,
séance du 22 novembre 1817, pag. 12 et 13.

bulle à laquelle faisait allusion le ministre du Roi, était en effet conforme aux principes que nous venons d'établir, et le pape y reconnaît en propres termes que *les dispositions de l'article 13 de la convention de 1801, touchant l'aliénation des biens ecclésiastiques avaient déjà sorti leur effet, et devaient par conséquent être irrévocablement maintenues dans toute leur force et teneur* (1).

Tout se réunit donc pour dissiper les alarmes de ceux qui pourraient se laisser abuser, jusqu'au point de redouter la restitution en nature des biens confisqués et aliénés, ou quelque aggravation particulière des charges publiques imposées aux propriétaires actuels de ces biens, à raison de l'origine spéciale de leur propriété. Une telle mesure serait contraire à la nature des choses, elle ne serait pas moins inconciliable avec les maximes du droit public, qu'avec la loyauté du Roi : elle est donc moralement et légalement impossible.

La conséquence naturelle de cette démonstration est que les anciens propriétaires ont un droit incontestable à une juste indemnité.

Nous ne fonderons ce droit, ni sur l'article 10 de la Charte, ni sur l'article 545 du Code civil. Nous le fonderons sur le droit naturel et des gens, sur le droit public des nations.

Rappelons ce que disent à ce sujet les docteurs les plus accrédités. « Il y a des auteurs, dit Grotius (2), qui mettent une grande
» différence entre ce qui appartient aux citoyens par le droit des
» gens, et ce qu'ils n'ont qu'en vertu du droit civil. Ils donnent
» aux souverains un pouvoir plus étendu, de disposer de cette der-
» nière espèce de biens, en sorte qu'ils les autorisent même à en
» dépouiller les propriétaires, sans sujet, et sans aucune obligation
» de dédommagement.

» Mais cette distinction est très mal fondée, car le droit de pro-
» priété, quel qu'en soit le titre, a toujours, selon la loi même de
» nature, ses effets propres et essentiels, en sorte que personne ne
» peut être légitimement dépouillé de ce droit, sans quelque cause
» qui soit, ou renfermée par elle-même dans la propriété, ou qui
» vienne du fait des propriétaires. Quand donc l'hypothèse se réa-
» lise, et que la société dépouille quelques-uns de ses membres de
» leur propriété, l'État est obligé de dédommager *des deniers pu-
» blics* les particuliers qui perdent par là leurs biens.

» Si le Trésor n'est pas en état de le faire, ajoute Vattel (3),
» tous les citoyens sont obligés d'y contribuer : car les charges de
» l'État doivent être supportées avec égalité, ou dans une juste

(1) *Et ea quæ de peractis bonorum ecclesiasticorum alienationibus articulo XIII conventionis MDCCCI..... SUUM JAM EFFECTUM NACTA SINT, ac firma semper suoque in robore perstare debeant. Ibid.* Bulle du 6 des calendes d'août 1817, p. 54, et 15 de la trad.

(2) Droit de la guerre et de la paix, tom. II, liv. III, chap. 20, § 9, pag. 473.

(3) Droit des gens, tom. I, liv. 1, chap. 20, § 244, p. 2 8, édit. in-4°.

» proportion. *Il en est de cela comme du jet des marchandises qui*
» *se fait pour sauver le vaisseau.* »

En effet, lorsqu'une impérieuse raison d'Etat a prescrit au Roi la
nécessité de confirmer l'expropriation des émigrés, des condamnés
et des déportés, s'ils en supportaient seuls le fardeau, ils seraient
soumis à des sacrifices auxquels les autres citoyens ne contribue-
raient pas. Ils auraient payé seuls, pour tous, la rançon de la paix
publique : la justice et les lois s'y opposent également. L'abîme des
révolutions a englouti leurs patrimoines ; dans l'intérêt général de
l'Etat, la revendication leur en a été interdite par l'acte solennel
qui a mis le sceau à la restauration de la monarchie ; tous doivent
proportionnellement contribuer à les dédommager de l'abandon
qu'on les a contraints de faire de leurs droits, dans l'intérêt du salut public.

Mais d'une part, on ne conteste qu'aux émigrés le droit à l'indemnité; de l'autre, on insiste sur la nécessité de réparer toutes les
pertes causées par la révolution, sous peine d'injustice et de partialité.

Serait-ce qu'on aurait des motifs légitimes pour dénier aux émigrés une indemnité dont on ne prétendrait pas refuser l'allocation
aux déportés et à leurs héritiers, ou aux enfants et aux héritiers des
condamnés ?

Mais nous croyons l'avoir établi par les faits : L'émigration a été
le prétexte et non la cause de l'expropriation ordonnée par les lois
révolutionnaires contre un nombre innombrable de Français. C'est
aux conséquences désastreuses de cette expropriation qu'il s'agit
de porter remède, et c'est autant dans l'intérêt de l'Etat que dans
l'intérêt des propriétaires dépossédés.

Ce n'est pas de l'émigration qu'il s'agit ici : c'est de la propriété,
c'est de la famille, c'est de la constitution même de l'Etat.

La propriété, aussi ancienne que le genre humain,
des gens (1) comme la famille ; elle est le fondement de l'ordre social, comme la famille en est l'élément. Aussi l'office principal des
lois civiles est-il de régler ce qui concerne l'état des personnes et les
biens. Tout ce qui porte atteinte à la propriété ébranle l'Etat tout
entier, comme tout ce qui ébranle l'Etat menace la propriété. C'est
ce qu'exprimait, avec tant d'énergie ; la religion toute politique du
peuple romain, lorsqu'elle autorisait le dieu Terme à disputer le
sommet du Capitole au plus puissant des dieux.

Dans les monarchies tempérées et constitutionnelles, tout ce qui
rend la propriété incertaine, tout ce qui compromet l'existence des
familles, attaque le principe même du Gouvernement : car les
droits de cité y sont essentiellement liées à la propriété, et la per-
pétuité des familles peut seule y garantir la transmission héredi-
taire de ces sentiments d'honneur, d'amour du prince, et d'atta-
chement aux institutions et aux libertés publiques, qui en sont

_____

(1) *Ex hoc jure (gentium)*..... Dominia distincta. *Dig.*

l'ame. Dans ces monarchies, la propriété doit être assurée comme la constitution même de l'Etat. (1)

A Dieu ne plaise que nous mettions sur la même ligne les droits sacrés et inviolables du monarque et les droits légitimes de la propriété ; ces droits respectifs appartiennent à deux ordres de choses différents : l'ordre politique et l'ordre civil. C'est l'autorité protectrice du monarque héréditaire qui assure, à chaque citoyen, la paisible jouissance des biens dont les lois civiles lui reconnaissent la propriété : car les lois civiles sont sous la tutelle du droit public ; le premier de tous les intérêts sociaux est donc le maintien du pouvoir politique et des lois qui en assurent la régulière et perpétuelle transmission. Mais si les droits du souverain ne peuvent être violés sans entraîner la violation de tous les autres droits, les droits légitimes de la propriété ne peuvent être méconnus sans danger pour les droits même du trône.

Il n'est point vrai d'ailleurs que les propriétés particulières doivent n'être considérées que comme la monnaie des jouissances du plus grand nombre ; que l'on doive envisager leur morcellement avec indifférence, et leur rapide circulation comme étant toujours avantageuse à l'Etat.

La propriété foncière ou la propriété du sol est la patrie de la famille, comme le pays natal est la patrie de la nation ; elle est le gage du patriotisme des citoyens, et comme le mutuel cautionnement de la solidarité de leurs intérêts et de la réciprocité de leurs engagements. L'Etat a donc un grand intérêt moral et politique à ce qu'elle se perpétue dans les mêmes familles ; une circulation rapide et une trop grande division lui font perdre de son caractère.

Il importe que tous soient convaincus que l'expropriation violente d'une ou de plusieurs familles ne peut avoir lieu sans porter à tous un dommage certain et positif. C'est sur le morcellement des propriétés et leur rapide circulation, suite des confiscations arbitraires, que les factieux, dans les temps de trouble, fondent la durée de leur crédit et de leur puissance. C'est à leur aide qu'ils enveniment les divisions politiques, qu'ils rendent les haines irréconciliables et les rapprochements impossibles, qu'ils prolongent le cours des révolutions, et qu'ils lèguent à l'Etat, qu'elles ont déchiré, des maux qui ne finissent pas même avec elles.

Certes, les dévoués serviteurs de la maison régnante, les loyaux compagnons des augustes exilés, ceux qui, fidèles à leur royale infortune, les ont suivis sur les bords glacés de la Courlande ou dans les régions brumeuses de l'Ecosse, à Vérone et à Hartwell, sont dignes d'honneur et de reconnaissance ; mais ce n'est point à titre de récompense qu'ils recevront l'indemnité. Ce n'est point non plus à titre de récompense que la recevront ceux qui ne quittèrent la France qu'après avoir couvert le Roi de leur corps, baigné de leur sang les débris du trône, et perdu tout espoir de sauver l'un et de maintenir l'autre.

---

(1) Boehmer, *Introd. in jure publico*, p. 250.

La loi qui vous est présentée n'est point une loi de rémunéra-tion, c'est une loi de réparation et de dédommagement; la me-sure qu'elle consacre n'est point un hommage rendu à la fidélité et au dévouement de quelques-uns, mais une indemnité accordée, dans l'intérêt de tous, à ceux dont la propriété a été violée. Aussi la loi ne fait-elle point acception de personnes, ne recherche-t-elle ni les opinions ni la conduite; elle n'a égard qu'à une seule cir-constance, à un seul fait, celui de l'expropriation. Ce ne sont point les défenseurs d'une cause respectable et sacrée qu'elle con-sidère dans les propriétaires dépossédée, c'est la propriété qu'elle réhabilite dans ses droits. Le républicain girondin ou le Toulon-nais royaliste, émigrés après le 31 mai; le conventionnel victime ou complice de Robespierre; les déportés du 9 thermidor et ceux du 18 fructidor, sont égaux à ses yeux. Si les biens-fonds qu'ils possédaient ont été confisqués et aliénés, en exécution des lois sur les émigrés, les déportés et les condamnés, ils recevront l'indem-nité qu'elle alloue.

Comment se fait-il donc que ceux qui demandent avec tant de chaleur qu'on se garde, surtout, d'exhumer les haines du passé, que ceux qui voudraient que la loi que nous examinons, en ce mo-ment, fût la loi de l'union et de l'oubli, citent l'émigration à leur tribunal, pour la condamner de nouveau, et pour porter contre elle les peines les plus terribles dont les Codes des nations soient armés ?

Ils lui reprochent d'affecter les allures du triomphe, et ils veu-lent perpétuer sur elle le joug de l'oppression révolutionnaire. Si l'on ne veut pas qu'elle se prévale du passé, il faut être assez rai-sonnable pour ne pas le lui imputer à crime. L'union et la con-corde, si désirables, ne peuvent être le fruit que d'un oubli complet et réciproque; ce ne sont pas les récriminations mutuelles qui peu-vent les cimenter.

Mais l'acte de réparation, pour lequel on réclame le concours de vos Seigneuries, dégénère-t-il en injustice, parce qu'il est spécial, et convient-il de s'y refuser, s'il n'est étendu à tous les désastres que la révolution a occasionnés ?

Sans doute, enfants de la même patrie, il nous serait doux, il l'aurait été bien plus encore au cœur paternel du Roi, de sécher toutes les larmes, de ne laisser aucune misère sans secours, ni au-cune douleur sans consolation. Mais d'étroites limites bornent la toute-puissance de l'homme, quand il mesure ses forces, soit contre les fléaux de la nature, soit contre ceux de la société : il n'est pas moins impuissant pour réparer les ravages de ces derniers qui sont son ouvrage, que pour lutter contre les fureurs des premiers; et le plus grand nombre des maux que les révolutions politiques traînent à leur suite sont irréparables.

Quand même il serait uniquement question de réparer les torts et les crimes de la révolution, ou de secourir les malheureux qu'elle a faits, il faudrait encore choisir, entre les actes de réparation et de bienfaisance, ceux qui seraient possibles.

Mais il ne s'agit pas seulement aujourd'hui de justice et de bienfaisance , il s'agit surtout d'un grand acte de politique , dans l'intérêt général de la société.

Les infortunes de ses membre intéressent l'Etat à un degré différent. Nous avons démontré qu'il ressentait profondément les atteintes portées à la propriété; mais toutes les propriétés n'ont pas la même importance politique.

La nature et la loi ont déterminé d'un commun accord la distinction des biens. Il y a des propriétés qui consistent en fonds de terre; il y en a d'autres qui consistent en effets mobiliers. Les fonds de terre sont le seul genre de biens qui appartiennent à chaque Etat en particulier; tandis que les effets mobiliers, comme le numéraire, les effets publics, les effets de commerce, les actions ou les intérêts dans les entreprises ou dans les compagnies de commerce; de finance ou d'industrie, les vaisseaux, toutes les marchandises, appartiennent au monde entier, qui, sous ce rapport, ne compose, dit Montesquieu, qu'un seul État dont toutes les sociétés sont les membres (1).

L'Etat a donc un intérêt spécial à ce que la propriété des fonds de terre soit assurée, puisqu'ils sont plus particulièrement *siens*.

Les propriétés foncières sont en quelque sorte sa dotation; les institutions politiques sont attachées à la glèbe : elles sont en péril toutes les fois que le sol tremble : la sécurité des propriétaires peut seule garantir leur stabilité et la tranquillité de l'Etat.

Il est donc naturel, il est juste, il est raisonnable qu'il donne la préférence à leurs infortunes, et qu'il vienne à leur secours quand il le peut. Une pareille réparation est à la fois un bienfait dans le présent, une leçon pour l'avenir, et peut-être même une garantie contre le retour du fléau politique des confiscations.

Il y a encore une autre raison qui fait que l'Etat a plus d'intérêt à indemniser les propriétaires de fonds de terre dépossédés, que les propriétaires de richesses mobiliaires. Les biens-meubles ne sont pas susceptibles de cette appropriation qui lie à leur possession la certitude de les conserver. On en est plutôt détenteur que propriétaire; ils circulent avec rapidité, et se dénaturent en changeant de mains : ils ne sont susceptibles ni d'être suivis, ni la plupart du temps d'être reconnus.

Il suit de là que leur confiscation laisse des regrets, et impose des privations; mais qu'elle ne saurait perpétuer des divisions et des mésintelligences.

Il n'en est pas de même des biens-fonds; lorsqu'ils changent de mains, ils ne changent pas de nature ; ils occupent le même lieu, et l'aspect du champ paternel irrite sans cesse, dans le cœur de celui qui en a été injustement dépouillé, le ressentiment de l'injure soufferte. Ce pénible souvenir impose à l'ancien et au nouveau propriétaire un éloignement involontaire l'un pour l'autre, et cause une sorte de malaise général à la société tout entière; c'est un levain permanent de discorde entre les habitants de la même contrée.

Qu'on cesse d'envier aux propriétaires de biens-fonds un pré-

_____

(1) *Esprit des Lois*, liv. xx, chap. 18.

tendu privilége qui n'a rien de personnel ou d'arbitraire, et qui n'est que la conséquence naturelle du genre de leur infortune, et du double intérêt qu'a l'Etat de venir à leur secours.

Une expropriation violente a donc frappé une multitude de Français ; les gouvernemens intermédiaires en ont eux-mêmes reconnu l'injustice ; ils ont accordé à plusieurs de ceux qui en avaient été les victimes un commencement de réparation. Cette injustice, vous ne pouvez la méconnaître ; elle résulte de la cause même de l'expropriation, de sa nature, de ses effets. La loi de réparation qu'on vous propose ne fait point acception de personne ; elle ne récompense point des services rendus ; elle tient seulement compte du dommage souffert. Si elle ne soulage pas toutes les infortunes, elle n'en procède pas moins dans l'intérêt commun de tous, dans celui de la propriété foncière, de la constitution de l'Etat. Ce n'est point une loi de privilége ; elle est donc juste dans son principe.

Elle n'est pas moins politique.

Les confiscations affligent la société et frappent la propriété d'une double plaie. Long-temps après qu'elles ont été consommées, après même que l'autorité souveraine a légitimé leurs effets, l'opinion publique s'obstine encore à voir d'un côté des propriétaires dépouillés violemment de leurs anciennes propriétés ; et de l'autre, des propriétés qui n'appartiennent qu'imparfaitement à leurs nouveaux propriétaires. Un tel état de choses est contraire au bien public : il importe d'en sortir.

L'intérêt de l'Etat veut qu'il n'y ait nulle différence entre les propriétés, et qu'une égale sécurité règne entre les propriétaires ; que les unes aient toute leur valeur, et que les autres, rassurés sur la validité de leurs titres, se livrent à l'exploitation de leurs biens avec une confiance entière.

La ratification des ventes par la loi ne suffit pas pour obtenir ce résultat. Ce n'est qu'en soldant le compte de ce qui est dû aux anciens propriétaires que l'on peut donner aux nouveaux ce qui leur manque.

Cependant, après vingt ans et plus, le nombre de ces derniers s'est accru indéfiniment. Si les ventes de cette nature de biens ont été moins communes, les mutations par décès ont été fréquentes. Chaque partage a donné plusieurs propriétaires à chacune de ces propriétés. Les mariages ont concouru avec les successions, pour faire passer, sur d'autres têtes, les lots des acquéreurs primitifs. Ces biens sont devenus la dotation de familles nouvelles, et le patrimoine des générations issues de ces familles. Ils se sont incorporés au domaine des créanciers, réduits à s'assurer du gage de leur créance. Une circulation forcée et nécessaire en a saisi malgré eux un grand nombre de citoyens. Dans certains départemens, ils ont en quelque sorte été réduits en poussière, et les parcelles en sont réparties entre une multitude de cultivateurs. Il importe à la paix, à la sûreté, à la morale publique, que ces nombreux propriétaires cessent de faire une classe à part, et que leurs propriétés perdent le caractère particulier qu'elles tiennent de leur origine.

Après que les actes successifs de tous les gouvernements intermédiaires, que les dispositions de la Charte elle-même, ont reconnu ces biens pour la propriété incommutable des ayants-cause
des premiers acquéreurs, l'État, dans son intérêt comme dans le
leur, doit à cette multitude de citoyens, le complément de la garantie légale qu'il leur a promise, et il ne peut la leur donner qu'en
désintéressant les anciens propriétaires.

L'État a donc été grevé d'une double dette envers les anciens et
les nouveaux propriétaires, lorsque le Roi a déclaré irrévocables
les ventes des biens confisqués. Cette dette, la loi proposée a pour
objet de l'acquitter ; car en allouant aux anciens propriétaires une
indemnité qui est la représentation du prix de leurs biens aliénés,
elle libère l'État envers eux, et stipule indirectement en leur nom,
la ratification de l'aliénation de ces mêmes biens, en faveur des
nouveaux propriétaires.

Telles sont les considérations qui ont amené votre commission à
conclure que l'allocation d'une indemnité aux Français expropriés
par suite des lois révolutionnaires, était aussi politique qu'elle
était juste.

Nous croyons avoir suffisamment démontré que cette indemnité
leur est due.

Mais leur est-elle due du jour même de leur dépossession ? ou
leur est-elle due en vertu de la présente loi ?

Ces questions qui sont résolues dans le projet de loi tel qu'il a
été présenté à vos Seigneuries, n'avaient peut-être pas été décidées
par le projet de lois originaire.

On a beaucoup insisté par la différence qui existe entre la restitution de grâce, et la restitution de justice. On n'a peut-être pas
assez fait attention que la question ne devait pas être décidée par
les principes du droit civil, mais par les principes du droit politique ; que c'est en vertu du droit politique que les actes de l'autorité illégitime sont réputés non avenus, quand l'autorité légitime
est rétablie ; que cette règle n'est pas sans exception, et que la
nécessité et l'utilité publique déterminent ces exceptions et en sont
les uniques et les suprêmes arbitres.

Toutefois, votre commission n'a vu dans la rédaction actuelle
qu'un nouvel hommage à l'inviolabilité des propriétés, et, sous ce
rapport, elle n'a pas balancé à y donner son adhésion ; mais elle a
pensé qu'il était indispensable de déterminer immédiatement par
qui l'indemnité était due. Elle a reconnu que ce ne pouvait être
que *par l'État*, et elle vous propose de le déclarer positivement
dans la loi, pour lever toute équivoque et ne laisser aucune in-
quiétude à la bonne foi timide et ignorante, ni aucun prétexte à la
malveillance.

C'est le premier amendement dont nous avons l'honneur de vous
proposer l'adoption ; il est relatif au premier alinéa de l'article premier du projet.

La troisième proposition qui ressort de l'article 1er peut encore
se diviser ; elle contient deux parties distinctes : la détermination

de la somme allouée, et la déclaration que dans aucun cas elle ne pourra être dépassée.

Nous n'avons rien à dire sur le montant de la somme ; elle est, à très peu de chose près, égale à l'évaluation que le Gouvernement du Roi avait donnée, par aperçu, du montant des liquidations futures. Nous nous contenterons de faire observer que le projet de loi présenté à la chambre des députés s'exprimait en termes indéfini sur l'allocation de l'indemnité, et n'énonçait aucune somme. .»

Dans ce système, l'indemnité aurait été susceptible d'augmentation ou de diminution selon l'événement des liquidations. Au contraire, selon le projet de loi actuel, la somme est déterminée · si elle est insuffisante, les ayant-droits à l'indemnité seront sans recours ; si elle excède les sommes liquidées, cet excédant devra être réparti entre tous les intéressés. Cette disposition établit donc éventuellement un fonds commun destiné à servir de supplément aux indemnités insuffisantes.

Nous ne pouvons qu'applaudir à la disposition qui déclare l'indemnité définitive ; elle nous a paru la conséquence nécessaire de celle qui alloue, dans tous les cas, la somme totale d'un milliard, aux propriétaires indemnisés. Ordinairement les liquidations ont pour objet de déterminer le montant de la dette : dans l'hypothèse présente, le total de la dette est fixé par avance. Les liquidations n'auront plus pour objet, que de déterminer les sommes qui appartiendront respectivement à chacune des parties prenantes. La loi, en arbitrant la somme, circonscrit les droits des réclamants et les proportionne aux moyens de libération. C'est une nouvelle preuve que la matière qui nous occupe appartient au droit politique, et qu'elle n'est pas uniquement régie par les règles étroites du droit civil.

Passons à l'examen des conséquences du droit, qui sont déduites des propositions contenues dans l'article premier du projet de loi.

Elles sont peu nombreuses, mais elles sont d'une grande importance.

Les articles 7 et 23 du projet les renferment.

' Voici comme on paraît avoir raisonné en rédigeant ces articles :

La loi reconnaît qu'il est dû une indemnité aux Français dont les biens-fonds ont été confisqués et aliénés, en exécution des lois révolutionnaires.

Cette indemnité leur est due à cause de l'expropriation qu'ils ont soufferte.

Leur droit à cette indemnité remonte donc au jour de leur dépossession, car ils n'ont pu être privés de leur droit de propriété, sans être saisis, au même instant, du droit à l'indemnité qui représente cette propriété.

Dès-lors, tous les Français qui étaient appelés, par la loi, ou par la volonté de l'ancien propriétaire, à le représenter, à l'époque de son décès, doivent être admis à recueillir l'indemnité.

Comme elle a pour objet de réparer les injustices résultant des lois révolutionnaires, on ne pourra opposer, aux réclamants, aucune incapacité résultant de ces mêmes lois.

Enfin l'objet de la mesure proposée étant de compléter autant
qu'il se peut la réhabilitation politique et civile des anciens propriétaires, leurs successions seront réglées par les lois existantes
à l'époque de leurs décès, comme s'ils avaient à cette époque joui
de la plénitude de leurs droits civils.

Il est certain que l'indemnité, en vertu du principe qui l'a fait
admettre, serait acquise aux étrangers possessionnés en France, et
expropriés révolutionnairement.

On a rendu hommage à cette vérité en exécutant la loi du 5 décembre 1814, puisque les biens confisqués et non vendus ont été
remis, en nature, à leurs anciens propriétaires, lors même qu'ils
étaient étrangers ; mais le droit à l'indemnité ne constitue qu'une
créance, et les étrangers ne peuvent la réclamer parce que la France
a réglé tout ce qui concernait les droits de ces créanciers étrangers, par des traités conclus avec leurs gouvernements respectifs.

Toutefois la loi civile déclare étrangères les Françaises qui épou-
sent des étrangers. Cette disposition, juste en elle-même, deviendrait inhumaine, si on l'appliquait aux veuves ou aux descendantes
d'émigrés, de déportés ou de condamnés révolutionnairement, qui
auraient contracté mariage avec des étrangers, depuis l'émigration,
la déportation ou la condamnation de leur époux ou de leur père,
et avant la restauration. Ce n'est pas librement qu'elles ont quitté
la patrie pour la terre de l'exil ; il serait cruel de les punir de leur
infortune, et de les déshériter une seconde fois du patrimoine de
leurs aïeux ou de leur époux. Elles étaient toujours Françaises par
le cœur. Pour cette fois la loi ne les réputera pas étrangères, et les
admettra à recueillir l'indemnité qu'elles auraient eu droit de réclamer sans leur mariage et leur expatriation.

Dans ce système, après que le droit politique a prononcé sur la
justice, la convenance et la quotité de l'indemnité, tout ce qui
concerne les droits du Français admis à la réclamer, reste sous
l'empire du droit civil.

C'était dans un sens tout différent qu'était rédigé le projet de
loi présenté par le Gouvernement du Roi à la chambre des députés.

A défaut de l'ancien propriétaire, on y admettait à réclamer
l'indemnité les héritiers en ligne directe ou collatérale, au degré
successible, qui seraient appelés à le représenter, à l'époque de la
promulgation de la loi.

Suivant ce projet, rien de ce qui concerne l'indemnité ne ces-
sait d'être placé sous la tutelle du droit politique. La loi ne pour-
voyait pas seulement à la réparation des droits de la propriété violée, elle reconstituait la dotation des familles ; elles remontait vers
ce grand principe de l'utilité publique qui domine toute la matière,
et elle abandonnait à la loi vivante et actuelle le soin de régler
toutes les successions des anciens propriétaires. Enfin, elle décla-
rait héritiers de l'indemnité, les héritiers du sang, tous, plus ou
moins atteints par la proscription de leur auteur.

Il faut l'avouer, cette manière d'envisager les choses aurait paru
préférable à votre commission. Elle avait l'avantage de tout sim-
plifier ; elle était conforme à tout ce qui s'était passé jusqu'ici. Elle

n'introduisait pas dans la loi proposée deux principes différents qui, s'ils peuvent co-exister sans s'entredétruire, en rendent l'intelligence difficile. On évitait ainsi des erreurs fréquentes de la part de ceux qui en réclameront l'application, des discussions dangereuses, des prétentions mal fondées, et peut-être des jurisprudences opposées et contradictoires.

Ce n'est pas tout. Aux termes de l'article 7, les successions des anciens propriétaires peuvent être régies par trois législations différentes, sans compter la législation actuelle; car il fait subitement revivre et le droit romain et les anciennes coutumes, et les lois des 12 brumaire et 17 nivose de l'an II, et celle de l'an VI, qui les a mitigées. Ainsi pourront successivement renaître, devant nos tribunaux, une foule de questions sur les institutions d'héritier, les querelles d'inofficiosité, les portions légitimaires, le droit d'aînesse, le tiers coutumier, et tant d'autres, inséparables de l'application des coutumes et du droit écrit. Ainsi, au grand détriment de la propriété, en faveur de laquelle, cependant, la loi est portée, se présenteront, pour recueillir l'indemnité, des successibles de tous les degrés, quand la succession se sera ouverte sous l'empire de la législation de l'an II, qui admettait la représentation à l'infini (1).

Ainsi, au grand préjudice de la morale publique, se présenteront comme héritiers de leurs pères, de leurs mères, et même de tous les membres de deux familles dont ils viendront révéler publiquement la turpitude, des enfants naturels (2), et peut-être même des bâtards adultérins (3). Ainsi, à la faveur d'une loi de réparation et de politique, de nouveaux scandales viendront affliger la société, diviser et humilier les familles.

Il faut de bien grands avantages pour compenser de si grands inconvénients.

Indiquons ceux que présentent les dispositions de l'article 7.

Elles décident franchement la grande question du droit et du fait : elles établissent que le fait n'a pu préjudicier au droit; que le

(1) Loi des 14 et 17 nivose an II, art. 77.

(2) *Loi du 12 brumaire an II, art. 1er* :

« Les enfants actuellement existants, nés hors du mariage, seront admis aux successions de leurs père et mère, ouvertes depuis le 14 juillet 1789. Ils le seront également à celles qui s'ouvriront à l'avenir. *Art. 2* : Leurs droits de successibilité sont les mêmes que ceux des autres enfants. *Art. 9* : Il y a successibilité réciproque entre eux et leurs parents collatéraux, à défaut d'héritiers directs pour les successions ouvertes depuis le 14 juillet 1789. »

(3) « Il est accordé à titre d'aliments aux enfants nés hors du mariage, dont le père ou la mère étaient, lors de leur naissance, engagés dans les liens du mariage, le tiers en propriété de la portion à laquelle ils auraient droit s'ils étaient nés dans le mariage. . *Art. 13.* — Néanmoins s'il s'agit de la succession de personnes séparées de corps par jugements ou actes authentiques, leurs enfants nés hors du mariage exerceront tous les droits de successibilité énoncés dans l'article 1er, pourvu que leur naissance soit postérieure à la demande en séparation. *Art. 4, loi du 12 brumaire an II.* »

temps ne saurait légitimer l'œuvre de la violence ; que nulle puissance au monde ne peut consolider l'aliénation d'une propriété, faite sans le consentement du propriétaire, ou sans qu'il ait été justement indemnisé ; que ses droits réclament sans cesse, qu'ils sont immortels comme la justice, qu'ils se transmettent par succession ; qu'aucune loi civile ne peut les réduire à la condition d'une simple espérance ou d'une pure expectative qui ne seraient pas de nature à être comprises dans les dispositions de l'homme ; que les lois, ou plutôt les actes politiques intervenus pour consommer et garantir l'expropriation, ont bien pu suspendre ou paralyser l'exercice de ces droits, mais ne pouvaient en altérer la nature ; enfin, qu'aujourd'hui, et lorsque la restauration a fait disparaître cette législation révolutionnaire, on ne saurait assujettir à son empire des droits qu'elle méconnaissait, et qui s'élevaient contre l'iniquité de ses dispositions, comme une protestation toujours renouvelée et toujours subsistante.

En résultat, l'article proposé dégage le droit des anciens propriétaires de tout ce qui pouvait en rendre l'existence douteuse ; il les replace dans la position où ils se seraient trouvés s'ils n'avaient été ni expropriés, ni émigrés, ni déportés, ni condamnés.

Votre commission a pensé qu'on aurait pu balancer entre l'article originairement proposé par le Gouvernement et l'article actuel ; mais que cet article n'était en l'état susceptible d'aucune modification, et qu'on ne saurait, sans les plus graves inconvénients, chercher à les allier l'un à l'autre.

Une discussion s'est élevée à ce sujet dans le sein de la commission. On proposait de restreindre la disposition qui admet les héritiers testamentaires de l'ancien propriétaire à réclamer l'indemnité à son défaut ; on demandait qu'ils ne pussent se présenter qu'en vertu d'un testament qui aurait expressément statué sur le droit à l'indemnité, ou qui aurait contenu quelque autre clause de même nature.

On s'appuyait sur l'intérêt que doivent inspirer les héritiers naturels et du sang ; sur l'intention de la loi, qui est de réparer les pertes souffertes par les familles ; sur la volonté du testateur, qui n'avait entendu disposer que de ses biens et de ses droits actuels, et qui n'avait eu nullement en vue une indemnité qu'il n'espérait pas, ni un droit à cette indemnité éventuelle dont il ignorait l'existence.

Il a été facile de se convaincre qu'il y avait contradiction absolue entre l'amendement proposé et la disposition principale de l'article, et que les arguments par lesquels on le soutenait étaient incompatibles avec les principes universels du droit en matière de testament.

En effet, aux termes de l'article, le droit à l'indemnité remonte à l'époque même de l'expropriation ; il fait dès cet instant partie des droits du propriétaire dépossédé ; il est dans sa succession ; ses héritiers le recueillent, s'il meurt sans testament.

Établir, dans l'amendement, qu'il n'en a pas disposé lorsqu'il a disposé de tous ses biens, droits et actions, n'est-ce pas dire précisément le contraire ? Nous avons vu d'ailleurs que le projet de loi a entendu repousser le système suivant lequel le droit à l'indemnité pouvait n'être considéré que comme une espérance légitime ou une expectative juste et naturelle.

Aux termes du droit civil, l'héritier ou les légataires universels sont saisis de l'universalité des droits et actions de celui auquel ils succèdent; ils recueillent tout ce dont la loi ne dispose pas, ou tout ce dont le testateur n'a pas disposé lui-même. Établir dans l'amendement que ces légataires ou héritiers ne seraient saisis du droit à l'indemnité qu'autant qu'il leur aurait été spécialement attribué par le testateur, c'est renverser toutes les idées et blesser tous les principes.

Il n'est, d'ailleurs, nullement nécessaire pour qu'un héritier ou un légataire universel soit saisi d'un objet auquel le testateur aurait eu droit, que ce testateur ait su que cet objet lui appartenait; il suffit que ce droit existât et fût ouvert au jour de sa mort. C'est ainsi qu'un homme qui meurt à Paris, après avoir institué un légataire universel, transmet à ce légataire universel une succession qui s'est ouverte dans l'Inde avant son décès, sans qu'il en ait rien su, et à laquelle il était appelé, ou par la loi, ou par la volonté du défunt. On ne s'est jamais avisé de prétendre qu'une telle succession dût revenir aux héritiers du sang, au préjudice de l'héritier institué.

Ces motifs ont décidé votre commission à ne vous proposer aucun amendement sur cet article.

Il n'en est pas de même à l'égard de l'article 23.

Votre commission a pensé qu'il ne rendait aux veuves et aux descendants du propriétaire exproprié, mariés avec des étrangers, qu'une justice incomplète. Elle a pensé que le droit naturel devait être, à nos yeux, plus puissant que le droit civil, et qu'une loi de justice et d'équité ne devait pas exclure des enfants de la succession de leur mère; que lorsque la loi française a aboli le droit d'aubaine, et admis tous les étrangers, sans distinction, à recueillir la succession de leurs parents français, il y a quelque chose d'excessivement rigoureux à refuser ce droit au fils d'une Française, au fils de la veuve ou de la fille d'un émigré, d'un condamné ou d'un déporté, et à laisser peser sur lui seul, au jour de la réparation, le poids d'un malheur désormais sans espérance.

Toutefois, comme on ne peut, dans le système d'une indemnité circonscrite par un chiffre invariable, donner aux uns sans diminuer la portion des autres, elle vous propose de restreindre le supplément de justice qu'elle vous demande, et de ne l'accorder qu'aux enfants nés de Françaises mariées avec des étrangers avant la restauration, et veuves ou descendantes d'émigrés, de déportés ou de condamnés, dont les pères auraient joui de la qualité de Français.

Il y a, en effet, quelque chose d'équitable à distinguer des autres étrangers, des enfants nés de mères françaises et de pères qui ont eux-mêmes été Français pendant un certain temps, lorsque les enfants nés en France de parents étrangers, peuvent réclamer la qualité de Français; et cette exception ainsi limitée n'a rien d'alarmant pour les prétendants à l'indemnité.

Votre commission a donc l'honneur de vous proposer une nouvelle rédaction de cet article 23 , qui admet ces enfants à réclamer
l'indemnité à défaut de leur mère.

Elle n'a point jugé qu'il fût nécessaire de dire expressément dans
l'article , ainsi que quelques personnes paraissaient le désirer , que
ses dispositions n'étaient applicables qu'aux Françaises mariées
avec des étrangers depuis le 1ᵉʳ janvier 1792 , et à leurs enfants.
Il lui a paru que le sens de la rédaction qu'elle a l'honneur de vous
présenter , était suffisamment clair , et que ces mots , *veuves ou
descendants d'émigrés, de déportés ou de condamnés,* supposaient nécessairement que les femmes qu'ils désignaient ne s'é-
taient mariées ou remariées qu'après l'émigration , la déportation ou la condamnation de leur premier mari, ou de leur père ou
aïeul.

En conséquence, l'article 23 serait rédigé en ces termes :

« La qualité d'étrangère, ou d'étranger ne pourra être opposée,
relativement à l'exécution de la présente loi, aux Françaises veuves
ou descendantes d'émigrés, de déportés ou de condamnés révolutionnairement, lesquelles auraient contracté mariage avec des
étrangers, antérieurement au 1ᵉʳ avril 1814, ni à leurs enfants nés
de père ayant joui de la qualité de Français. »

Votre commission a peu d'observations à vous présenter sur les
dispositions du projet de loi relatives aux mesures qui doivent en
assurer l'exécution.

Les recherches opiniâtres de l'administration n'ayant pu lui
fournir les données nécessaires pour soumettre à une règle commune l'évaluation de tous les biens vendus, elle a été réduite à
chercher par quels moyens il serait possible d'y suppléer.

Les ventes pouvaient se diviser en deux grandes catégories :
celles faites aux enchères publiques, et celles faites au moyen de
soumissions.

Pour ces dernières ventes, les actes d'adjudication indiquaient
toujours la valeur du revenu que produisait le bien vendu en l'année
1790, conformément à la loi du 12 prairial an III qui les avait au-
torisées.

Au contraire, les actes d'adjudication des ventes faites aux enchères, ne contenaient cette indication que par exception, aucune
loi n'ayant prescrit qu'elle y fût insérée.

Il suit de là, que les actes de ventes passés après soumission,
portent en eux-mêmes la base certaine de l'évaluation des biens
adjugés, et que l'on est réduit, pour reconnaître la valeur des biens
vendus aux enchères, à interroger les prix de l'adjudication.

Aussi le projet de loi a-t-il divisé les biens vendus en deux
classes distinctes, savoir : ceux qui ont été vendus depuis la loi
du 12 prairial an III, et ceux qui l'ont été avant cette époque.

Il déclare que l'indemnité, due pour les biens de la première
classe, sera égale à dix-huit fois la valeur de leur revenu en 1790,
et que pour les biens rangés dans la seconde, les anciens propriétaires recevront une indemnité égale au prix de l'adjudication,
réduit en numéraire d'après le tableau de dépréciation des assi-

gnats, dressé dans le département où était située la propriéte vendue.

L'indemnité alloué aux anciens propriétaires des biens donnés aux hospices, et autres établissements de bienfaisance, sera égale au montant de l'estimation en numéraire, faite avant la cession, et, à défaut d'estimation préalable, à leur valeur de 1790, telle qu'elle sera estimée par des experts contradictoirement nommés.

Dans tous les autres cas prévus par la loi, tels qu'acquisition par les ascendants d'émigrés, après partage de présuccession, des portions attribuées à l'Etat ; prix des légitimes payées à l'Etat, représentant des légitimaires frappés de confiscation, et acquisition des biens confisqués, par les anciens propriétaires, l'indemnité sera égale à la valeur réelle des sommes qui auront été payées, estimée et réduite d'après l'échelle de dépréciation des assignats et des mandats, et le tableau du cours des autres effets, reçus en paiement.

Vos seigneuries remarqueront que le projet de loi, proposé par le Gouvernement à la chambre des députés, avait élevé à vingt fois la valeur du revenu de 1790 l'indemnité destinée aux propriétaires dépossédés, dont les biens ont été classés dans la première catégorie. Le projet actuel, en la réduisant de deux vingtièmes, a doté du produit de cette réduction le fonds commun créé par l'article 1er : il ordonne que ce fonds sera employé, après la liquidation terminée, à rétablir entre les indemnisés des deux classes une sorte d'égalité proportionnelle, suivant le mode qui sera réglé par une loi.

L'ensemble de ces dispositions a excité de vives réclamations. Votre Commission s'est convaincue qu'il était impossible d'y faire droit ; il résulte même des faits qu'elle a recueillis, qu'il n'est point constant que les indemnisés de la seconde classe, soient, sans exception, plus maltraités que ceux de la première, ni que ceux de la première soient universellement plus favorisés que ceux de la seconde. Elle a pensé que le fonds commun, tel qu'il était constitué, offrirait d'abondantes ressources, et qu'il suffirait pleinement, soit à rétablir l'équilibre entre les deux classes, soit à dédommager les indemnisés de l'une et de l'autre qui prouveraient l'insuffisance de l'indemnité qu'ils auraient obtenue. Nous aurions désiré que le mode de répartition du fonds commun pût être, dès ce moment, déterminé par la loi ; mais nous nous sommes convaincus, à regret, que les éléments d'une pareille détermination manquaient absolument.

Il est inutile de rappeler à vos Seigneuries le mode indiqué pour l'inscription et la délivrance des rentes 3 pour 100 affectées à l'indemnité ; il est présent à tous les esprits.

Néanmoins, comme il est dit que les liquidations donnant droit à des inscriptions inférieures à 250 fr. de rentes, seront inscrites en totalité et avec jouissance du 22 juin 1825, votre Commission eût désiré que la loi eût pu étendre cette exception jusqu'aux inscriptions inférieures à 500 fr. de rentes. Il lui aurait paru convenable que l'on ne soumît à aucun délai la délivrance d'un titre,

qui équivaut, tout au plus, à des aliments, et les aliments doivent
être donnés sans retard, car ils représentent la vie. Mais après une
mûre délibération, elle a reconnu que tout amendement de ce genre
pourrait compromettre l'exécution du projet de loi, en contrariant
les calculs financiers qui en sont la base, et elle s'est abstenue de
vous proposer une disposition dont le sacrifice lui a paru moins pénible, lorsqu'elle est venue à penser que le Roi, auquel aucune
pensée de bienfaisance n'échappe, se l'était lui-même imposé.

Les articles 8, 9, 10, 11, 12, 13 et 14 inclusivement, tracent
la marche que devront suivre les anciens propriétaires ou leurs représentants, pour réclamer l'indemnité. Le préfet reçoit la réclamation, le directeur des domaines dresse le bordereau d'indemnité;
le ministre des finances fait rédiger l'état des réductions à opérer;
les pièces sont renvoyées à une commission de liquidation, nommée par le Roi; la commission procède à la reconnaissance pré-
judicielle des qualités et des droits des réclamants. Si la justification est irrégulière ou insuffisante, ou s'il s'élève entre les réclamants des contestations sur leurs droits respectifs, la Commission
les renvoie devant les tribunaux. Si la justification est suffisante,
ou après qu'il a été statué par les tribunaux, la Commission procède à la liquidation définitive, sauf le recours au Roi, en son
conseil-d'État. A tous les degrés de cette instruction administra-
tive, les réclamants sont entendus.

Votre Commission n'a pu qu'approuver un code de procédure complet et si régulier; il lui a été cependant impossible de ne pas redouter
pour les malheureux propriétaires dépossédés, les lenteurs inséparables de tant d'opérations successives. Elle ne doute pas, d'ailleurs,
du zèle qu'apportera l'administration, à la prompte expédition d'un
genre d'affaires qui intéresse l'État à un si haut degré.

Suivant l'art. 15, le montant des bons aux porteurs, donnés en
remboursement aux déportés et aux familles des condamnés, sera
déduit de l'indemnité qui leur sera allouée, après avoir, préalable-
ment, été réduit en numéraire.

Les art. 16 et 17 se rapportent aux biens affectés aux hospices et
autres établissements de bienfaisance, et aux biens concédés gratuitement. Ils maintiennent la stricte exécution des dispositions de
la loi du 5 décembre 1814. Il est impossible à votre commission
de ne pas déplorer, en cette occasion, les tristes conséquences
d'une double spoliation. Toutefois elle aurait difficilement compris
qu'on n'eût pas accordé aux hospices une faveur égale à celle
qu'obtiennent tous les autres propriétaires de biens confisqués et
vendus. Leur cause est celle de l'humanité souffrante. Leurs droits
sont ceux de tous les tiers : car les hospices sont personnes privées,
et leur dotation est distincte du domaine de l'État. De plus la politique prescrirait seule de respecter leur possession, si la justice
ne le commandait pas. Leur patrimoine est le patrimoine commun
de tous ceux qui n'en ont pas. Si leur seconde spoliation était au
fond plus facile à justifier que la première, elle n'en serait pas
moins odieuse, car aux yeux du plus grand nombre une justice si
rigoureuse dégénérerait en oppression et en injustice.

Les dispositions de l'art. 18 règlent les droits des créanciers relativement à l'indemnité.

Les oppositions à la délivrance de l'inscription de rentes, formées par les créanciers des anciens propriétaires, porteurs de titres antérieurs à la confiscation, non liquidés et non payés par l'Etat, n'auront d'effet que pour le capital de leurs créances. Les anciens propriétaires, ou leurs représentants, pourront se libérer, en leur transférant un capital nominal en rentes 3 pour cent, égal à la dette réclamée. Ces créanciers exerceront leurs droits suivant le rang de leurs priviléges et de leurs hypothèques. Il sera procédé à l'ordre ou à la distribution, devant le tribunal du domicile de l'ancien propriétaire, ou devant le tribunal dans le ressort duquel la succession s'est ouverte.

Quelques membres de votre commission auraient désiré que l'article eût dit en termes exprès que la prescription n'avait pu courir contre les créanciers d'un émigré, durant le temps de l'émigration de son débiteur. Mais elle a été unanimement d'avis que le texte de la loi le disait implicitement, et qu'il y avait lieu d'ailleurs à l'application de cette maxime de droit qui veut que les délais de la prescription ne puissent courir contre celui qui est dans l'impossibilité d'agir (1).

Si votre commission n'avait pris la résolution de ne proposer à vos Seigneuries, à l'occasion d'une loi qui touche à tant d'intérêts et qui remue si vivement tous les esprits, que des amendements indispensables, elle aurait cru de son devoir de réclamer contre les conditions que l'on impose ici aux créanciers.

L'abolition ou la réduction des dettes ne sont pas plus favorables à l'ordre public, et aux intérêts de la monarchie, que l'expropriation du sol, ou le partage égal des terres. Elles n'étaient même invoquées dans les anciennes républiques, qu'elles mirent souvent en péril, que par les flatteurs et les corrupteurs d'une aveugle multitude.

Les articles 19 et 20 déterminent dans quels délais les réclamations des prétendants droit à l'indemnité devront être formées; le dernier de ces délais est en proportion de l'éloignement où les réclamants se trouvent du centre des affaires.

Votre commission ne peut s'empêcher de regretter que le grand intérêt de la publicité et la nécessité du contrôle des chambres aient rendu indispensable la disposition de l'art. 21, car il n'est pas sans inconvenient pour le maintien de la concorde parmi les citoyens, et de la tranquillité intérieure de l'Etat, de produire, de nouveau, au grand jour de fatales listes que les efforts réunis de tous les amis de la paix et de la patrie ont tendu constamment depuis plus de vingt ans à faire oublier.

L'article 22 mérite une attention particulière. Il accorde l'exemption du droit proportionnel d'enregistrement, à tous les actes translatifs de la propriété des biens confisqués qui seraient passés pendant cinq ans, à dater de la promulgation de la loi, entre le

(1) *Contra non valentem agere, nulla currit præscriptio.*

propriétaire actuel et l'ancien propriétaire ou ses héritiers, et il n'assujettit ces transactions qu'au droit fixe de 3 fr.

Cette disposition est claire. Elle a pour objet de favoriser la rétrocession des biens confisqués et aliénés. Elle eût été, d'un commun accord, accueillie comme un bienfait en 1814. Mais est-elle bien à sa place dans la loi d'indemnité? N'appartient-elle pas à un autre ordre d'idées et de dispositions? Est-elle parfaitement en harmonie avec l'art. 9 de la Charte et l'art. 1er du projet de loi? Votre commission a examiné mûrement toutes ces questions et beaucoup d'autres. Elle a été amenée à penser qu'une disposition qui ne peut avoir pour objet que de faciliter les transactions libres, volontaires et amiables entre les anciens et les nouveaux propriétaires, ne doit pas être considérée comme contraire à l'art. 9 de la Charte; qu'elle ne l'est pas davantage à l'art. 1er du projet de loi, car l'exemption du droit qu'elle accorde profitera plus encore au fisc en multipliant les mutations ultérieures, qu'il ne lui fera perdre par le sacrifice qu'on lui impose en faveur de la transaction privilégiée; que si cet article aurait pu trouver plus naturellement sa place dans une autre loi, il y aurait inconvénient à le repousser lorsqu'il a été introduit dans celle-ci, puisqu'il n'a pour objet que d'encourager des transactions pleinement libres, purement volontaires et réciproquement amiables, sans aucune coaction, ni matérielle, ni morale, sans l'ombre de la moindre défaveur pour les propriétaires actuels, et parce qu'il semblerait résulter de son rejet que la chambre des pairs repousse avec une inexorable rigueur, dans l'intérêt de l'Etat, tous les moyens légaux, doux et conciliants de favoriser la rentrée des anciens propriétaires dans le patrimoine de leurs familles, lors même qu'ils pourraient y rentrer sans la moindre lésion pour le nouveau propriétaire avec lequel ils auraient à traiter : enfin que son inopportunité même peut devenir l'occasion et le motif d'une heureuse addition à la loi proposée. En effet, nous avons été unanimement d'avis que l'adoption de l'art. 22 entraînait nécessairement l'adoption d'un autre article qui vint confirmer les garanties acquises aux tiers, et ajouter aux garanties de la paix publique.

Après avoir terminé l'examen du projet de loi, nous devions d'ailleurs nous demander s'il réunissait toutes les conditions que l'on est en droit d'exiger d'une loi de justice et de réconciliation.

C'est dans ce but que nous avons cherché de nouveau à nous pénétrer de l'esprit général du projet, et que nous avons soigneusement interrogé toutes ses dispositions. Nous sommes ensuite remontés jusqu'aux actes précédemment intervenus sur la même matière depuis la restauration, pour les combiner entre eux et avec le projet de lui.

Il nous a semblé que la loi proposée avait essentiellement pour objet d'effacer les traces de nos calamités, qu'elle devait être juste envers tous et protéger également tous les droits ; que si, à la différence des autres lois, on pouvait admettre, jusqu'à un certain point, qu'elle agit sur le passé, cette rétroactivité d'exception devait s'exercer exclusivement au profit de la bienfaisance et de la justice ;

qu'elle ne pouvait atteindre la législation protectrice et salutaire qui a couvert de son égide les droits acquis et les intérêts nouveaux ; que si elle libère définitivement l'Etat d'une dette sacrée, elle doit abolir en même temps ces différences, à la fois dommageables et affligeantes, établies par l'opinion entre les héritages, et qui, au grand détriment de la fortune publique, de l'union et de la paix intérieure, diminuent la valeur des uns sans accroître celle des autres ; enfin, que si elle rappelle, avec une triste solennité, des temps de douloureuse mémoire, ce doit être afin qu'il n'en soit désormais plus question dans nos lois, pour élever un mur d'airain entre l'irrévocable passé, le présent et l'avenir, pour imposer un éternel silence à toutes les réclamations que l'on prétendrait fonder sur les lois ou les actes du gouvernement relatifs à l'émigration, et pour éteindre, s'il est possible, de ces actes désastreux jusqu'aux dangereux souvenirs.

Si tel est, si tel doit être l'esprit général de la loi, ressort-il suffisamment de ses nombreuses dispositions ?

Votre commission s'est unanimement décidé pour la négative ; elle a l'honneur de proposer a vos seigneuries, pour remédier à cet inconvénient, l'adoption d'un article additionel, qui serait le vingt-quatrième de la loi.

Elle s'est convaincue de plus en plus de la nécessité de cette disposition, en rapprochant les uns des autres les actes successivement émanés soit du trône, soit de la puissance législative, depuis la restauration, dans le but si désirable d'effacer toute différence entre les *Français qui gémissaient de l'absence du Roi dans l'intérieur, et ceux qui l'en consolaient au-dehors* (1).

Le premier de ces actes est l'ordonnance du Roi, du 21 août 1814, dont nous venons d'emprunter les touchantes et paternelles expressions. Le Roi répète, dans le préambule de cette ordonnance, car il l'avait déjà dit, dans le préambule de la Charte constitutionnelle, *que le vœu le plus cher à son cœur est de voir vivre tous les Français en frères, sans que jamais aucun souvenir amer vienne troubler la sécurité qui doit suivre un acte aussi solennel.*

Il déclare qu'en attendant la loi qu'il se propose de présenter aux deux chambres sur la restitution des biens vendus, il juge nécessaire de prononcer positivement l'abolition de toutes les inscriptions sur les listes d'émigrés encore subsistantes, *en réservant spécialement les droits des tiers, qui, en aucun cas, ne doivent être compromis.* En conséquence, il ordonne que ces inscriptions seront et demeureront abolies à *compter du jour de la publication de la Charte constitutionnelle,* et que tous les Français qu'elles désignaient exerceront les droits politiques garantis par la Charte, et *jouiront des droits civils attachés à la qualité de citoyen, sous la réserve expresse des droits acquis à des tiers, et sans y préjudier.*

A cet acte de haute sagesse et de souveraine justice ne tarda pas de succéder la loi du 5 décembre 1814.

_____

(1) Préamb. de l'ordonnance du Roi, du 21 août 1814.

Le préambule de cette loi n'est pas moins remarquable que celui de l'ordonnance du 21 août qu'il rappelle. Le Roi y dit : « Dans les » dispositions de cette loi, nous avons considéré le devoir que nous » imposait l'intérêt de nos peuples, de concilier un acte de justice » avec *le respect dû à des droits acquis par des tiers, en vertu de* » *lois existantes, avec l'engagement que nous avons solennellement* » *pris, et que nous réitérons, de maintenir les ventes des domaines* » *nationaux ;* enfin avec la situation de nos finances, patrimoine » commun de la nombreuse famille dont nous sommes le père, et » sur lequel nous devons veiller avec une sollicitude toute pater- » nelle ».

La loi ordonne que les biens immeubles séquestrés ou confisqués pour cause d'émigration, qui n'avaient pas été vendus et qui fai- saient actuellement partie du domaine de l'état, seront rendus en nature à ceux qui en étaient propriétaires, ou à leurs héritiers, ou ayant- cause.

Néanmoins une disposition première domine toutes les autres. Elle est ainsi conçue : *Sont maintenus et sortiront leur plein et entier effet, soit envers l'État, soit envers les tiers tous jugements et décisions rendus, tous actes passés, tous droits acquis avant la publication de la Charte constitutionnelle, et qui seraient fondés sur des lois ou des actes du Gouvernement relatifs à l'émigration.*

Ainsi s'enchaînent dans leurs dispositions successives ces deux mémorables monuments de la législation royale. Ainsi commence et se continue l'œuvre de la restauration de la propriété si intimement liée à la restauration de la monarchie. Ainsi commence et se continue la réhabilitation politique et civile des Français proscrits pour la même cause, *pour la sainte cause de la patrie et du Roi,* soit qu'ils aient quitté la France au commencement de la révolution pour suivre les princes de la maison royale, ou qu'ils ne se soient arrachés aux dangers qui menaçaient dans le royaume les fidèles serviteurs du Roi et les amis de l'ordre et de la monarchie, qu'après l'effroyable catastrophe du 10 août ; soit enfin que las de lutter sans succès contre l'anarchie et ses fureurs, ils n'aient cherché par la fuite à dérober leur tête aux échafauds, aux incendies et aux exterminations révolutionnaires, que postérieurement au 31 mai.

Ainsi, après avoir commencé par rendre aux Français qui en étaient encore privés au jour de la restauration, la plénitude de leurs droits civils et politiques, le Roi et la loi remettent en pos- session de leurs biens non vendus, tous ceux qui avaient été frappés par les séquestres et les confiscations.

Cependant et l'ordonnance du 21 août et la loi du 5 décem- bre 1814, réservent, en même temps, les droits acquis à des tiers : ils les réservent parce que le Roi les avait déjà déclarés inviola- bles; mais ils les réservent encore, parce que ces droits étaient placés sous la puissante garantie du droit de la nature et des gens. En effet, quelque vicieuse que soit l'origine d'un gouvernement, quelque injustes et illégitimes que puissent être ses actes dans leur principes, ils donnent naissance à des droits qui ne participent point à cette illégitimité. C'est pourquoi l'autorité légitime, lui succède, est tenue d'acquitter les dettes qu'il a contractées qui dans l'intérêt de l'État, c'est pourquoi les justes récompenses qu'il a distribuées aux généreux guerriers qui ont versé leur sang pour la patrie sont légitimement acquises ; c'est ce qui fait enfin que les jugements rendus en son nom demeurent exécutoires entre les parties ; et que les lois qu'il a portées continuent de régir le passé.

En effet, l'État subsiste toujours. Tous les actes intervenus dans son véritable intérêt doivent subsister avec lui ; car cet intérêt est inséparable de celui du monarque légitime qui, dépouillé pour un temps du libre exercice de sa puissance, ne cesse pas pour cela de faire cause commune avec la patrie. C'est ce qu'ont reconnu, en termes exprès, les empereurs Constantin et Théodose, relativement aux actes de *Licinius* et de *Maxime*, qui avaient tourné au profit et à l'utilité de l'empire. C'est ce que proclamait l'auguste et immortel auteur de la Charte, lorsque, dans une occasion solennelle, il prononça ces belles paroles, qui doivent trouver place parmi les monuments de notre droit public : « Je considère tous » les services rendus à l'État en mon absence comme s'ils m'avaient » été rendus ; de même que tous les services qui m'ont été rendus » durant cette époque, doivent être considérés comme ayant été » rendus à l'État. »

Les actes qui ont préparé, établi, consommé l'usurpation, sont les seuls qui soient *nuls* de plein droit, et qui disparaissent en présence de l'autorité légitime, comme les ombres de la nuit à l'aspect de l'astre du jour.

La loi proposée se rattache à l'ordonnance du 21 août et à la loi du 25 novembre 1814.

En effet, pour accomplir toute justice, après avoir réhabilité les personnes dans leur état, après avoir remis les propriétaires dépossédés en possession de leurs biens non vendus, il restait à les indemniser de la perte de leurs biens aliénés.

Tel était le vœu du Roi.

Les expressions du préambule de la loi du 5 décembre 1814, que nous avons citées, semblent indiquer que s'il ne s'est pas réalisé sur-le-champ, c'est que la situation des finances s'y opposait.

Ce qui se passa à cette époque prouve que c'était aussi le vœu des chambres.

Dans la chambre des députés, on proposa d'ajouter à cette loi une disposition qui aurait déclaré que les émigrés ne pourraient jamais prétendre à aucune indemnité pour leurs biens aliénés. Un noble vicomte qui siége maintenant au milieu de vous, et qui occupait alors, avec une si haute distinction, le fauteuil de l'autre chambre, en descendit pour monter à la tribune. Son éloquence, pleine de sensibilité, obtint un de ses plus beaux triomphes, et sans doute l'un des plus chers à son cœur ; la chambre rejeta, presqu'à l'unanimité, une proposition qui fermait la porte à la justice, et qui proscrivait l'espérance.

Dans cette enceinte, l'adoption de la loi fut immédiatement suivie par une proposition mémorable, qui a fait époque dans l'histoire de nos sessions : un noble et vaillant maréchal, auquel il était réservé d'ajouter encore dans la paix, à la gloire si pure qu'il avait acquise dans la guerre, et que votre commission s'honore d'avoir eu pour collaborateur et pour président, en fut l'auteur. Elle avait pour objet de supplier le Roi de faire présenter aux chambres une loi qui assurât aux anciens propriétaires de biens confisqués et aliénés une juste indemnité.

C'est sur cette loi, qu'après dix années, vos Seigneuries sont enfin appelées à délibérer.

Elle met le sceau aux dispositions bienfaisantes que nous venons de rappeler, elle en est le complément. Elle doit, comme les actes qu'elle complète, confirmer les droits acquis. Une disposition spéciale est d'autant plus nécessaire que la loi actuelle étend les effets de la réhabilitation des émigrés; qu'elle les affranchit, sans réserve, de l'interdiction dont ils avaient été frappés; qu'elle reconnaît qu'ils n'ont jamais cessé d'être en possession de leurs droits, puisqu'elle constate que l'indemnité leur était due avant de leur être allouée, qu'elle ordonne l'exécution de leurs testaments, à quelque époque que la succession se soit ouverte, et qu'elle les considère comme également habiles à succéder dans tous les temps.

Ce système est conséquent, sans doute, et il est sans inconvénient, si on l'applique exclusivement à l'indemnité, mais il est inconciliable, à certains égards, soit avec l'esprit, soit avec la lettre, et de l'ordonnance du 21 août, et de la loi du 5 décembre 1814.

Cette ordonnance ne rendait point aux Français inscrits sur la liste des émigrés, et qui avaient été rayés ou éliminés, la jouissance de leurs droits civils, pour le temps antérieur à leur radiation ou à leur élimination; et en vertu de ses dispositions, ceux qui n'avaient été ni rayés, ni éliminés, n'ont recouvré cette jouissance qu'à dater de la promulgation de la Charte constitutionnelle. Or, suivant la loi nouvelle et relativement à l'indemnité, ces inscriptions sont considérées comme n'ayant jamais dû produire d'effet. Il importe de prévenir l'abus qu'on ne manquerait pas de faire de cette contradiction apparente.

On objecterait vainement que la loi proposée statue sur une matière spéciale.

Cette loi, l'ordonnance du 21 août, et la loi du 5 décembre 1814, appartiennent à un même ordre de dispositions : elles ont un objet commun, la réintégration des émigrés, des déportés, des condamnés, dans leurs droits civils et de propriété. Il est naturel que l'on conclue des unes et des autres, et qu'on cherche à les expliquer en les combinant entre elles, puisqu'à vrai dire elles ne forment qu'un seul corps de droit.

De là, de savantes dissertations judiciaires, des traités profonds de métaphysique et de politique, dans le but d'établir que les dispositions de la loi du 5 décembre 1814, relatives aux jugements, aux contrats, aux actes, et aux droits acquis, n'avaient pour unique base que les dispositions des lois qui frappaient les émigrés d'incapacité ; qu'aujourd'hui ces droits, ces jugements et ces actes cessent d'être inattaquables, puisque ceux auxquels il était interdit de se pourvoir contre eux, sont relevés de toute incapacité par une loi nouvelle ; que dès lors ces jugements, ces actes et ces contrats sont susceptibles d'être annulés, s'ils ne sont pas conformes aux lois sous l'empire desquelles ils sont intervenus ; que désormais le droit commun ne connaît plus de limites, et qu'un si grand nombre de Français, trop long-temps victimes de l'oppression, sont enfin affranchis du régime d'exception qui avait si injustement pesé sur eux pendant tant d'années.

Un langage si plausible, nobles Pairs, sera tenu, n'en doutez pas, si votre sagesse ne supplée, par une disposition additionnelle, au silence du projet de loi. Que disons-nous ? il s'est déjà fait entendre ; et si le gouvernement du Roi a pu croire, quand il a porté à la Chambre des députés le premier projet de loi, que la disposition que nous demandons n'était pas nécessaire, il reconnaîtra sans doute aujourd'hui avec nous qu'elle est indispensable.

L'article dont votre commission a l'honneur de vous proposer l'adoption serait rédigé ainsi qu'il suit :

« Art. 24. L'art. 1er de la loi du 5 décembre 1814 continuera de sortir son plein et entier effet : en conséquence, aucune des dispositions de la présente loi ne pourra préjudicier, en aucun cas, aux droits acquis avant la publication de la Charte constitutionnelle et maintenus par ledit article, soit à l'État, soit à des tiers, ni donner lieu à aucun recours contre eux. »

Nobles Pairs, nous croirions ne nous être acquittés qu'imparfaitement de la tâche qui nous est imposée, si nous n'adressions, en finissant, au monarque auguste qui nous gouverne, le juste tribut de la reconnaissance publique.

Ces idées *de dette, de droits, de justice*, si complaisamment mises en avant dans ces derniers temps, si habilement exploitées par les passions, et dont la malveillance a si cruellement abusé, ne doivent faire perdre de vue ni l'étendue du bienfait, ni les devoirs qu'il impose.

Il y a quelque chose de vraiment céleste dans les testaments de nos Rois. L'un, plus grand dans l'adversité qu'il ne le fut jamais sur le trône, lègue en mourant à ses coupables sujets l'amnistie et le pardon. L'autre, aussi grand sur le trône qu'il l'avait été dans l'adversité, assure, par ses dernières paroles, à la France, qu'il a reconstituée, la réconciliation des biens et des intérêts.

Fidèle exécuteur des dernières volontés de son glorieux frère, son bien-aimé successeur signale son avènement au trône par la réparation, sinon du plus grand crime de la révolution, du moins du plus fécond en conséquences funestes.

Convaincu que tout ne se borne pas à réparer des désastres, qu'il faut encore en prévenir le retour ; s'il dédommage d'une main, il maintient de l'autre.

Dans la loi qu'il vous propose, il s'est efforcé de concilier les droits des anciens propriétaires et les droits des nouveaux. Il commande à la justice et à la paix de s'embrasser. Il sait qu'on ne peut troubler l'une sans blesser l'autre.

Vous le seconderez, nobles Pairs, de tout votre pouvoir ; vous vous empresserez d'adopter tout ce qui pourra imprimer de plus en plus, à la loi présentée, le double caractère d'un acte de réconciliation et d'un acte de justice ; tout ce qui pourra la rendre plus conforme aux intentions paternelles du Roi. L'esprit de concorde et de modération présidera à l'importante discussion qui va s'ouvrir.

Vos discours retentiront hors de ce sanctuaire, et vos paroles porteront dans tous les esprits le calme et la sécurité.

Votre commission vous propose, à l'unanimité, d'adopter le projet de loi qui vous est présenté, avec les trois amendements qu'elle a eu l'honneur de soumettre à votre approbation par mon organe.

PROJET DE LOI.

ARTICLE PREMIER.

Trente millions de rente au capital d'un milliard, sont affectés à l'indemnité due aux Français, dont les biens-fonds, situés en France, ou qui faisaient partie du territoire de la France au 1er janvier 1792, ont été confisqués et aliénés, en exécution des lois sur les émigrés, les déportés, et les condamnés révolutionnairement.

Cette indemnité est définitive; et, dans aucun cas, il ne pourra y être affecté aucune somme excédant celle qui est porté au présent article.

ARTICLE XXIII.

Le premier paragraphe de l'article 19 du Code civil ne pourra être opposé, relativement à l'exécution de la présente loi, aux Françaises, veuves ou descendantes d'émigrés, déportés ou condamnés révolutionnairement. lesquelles auraient contracté ma-

AMENDEMENTS.

ARTICLE PREMIER.

Trente millions de rente au capital d'un milliard, sont affectés à l'indemnité due *par l'État*, etc. le reste comme au projet.

ARTICLE XXIII.

La qualité d'étrangère ou d'étranger ne pourra être opposée, relativement à l'exécution de la présente loi, aux Françaises, veuves ou descendantes d'émigrés, de déportés ou de condamnés révolutionnairement, lesquelles auraient contracté ma-

Projet de loi.   *Amendements.*

riage avec des étrangers, anté-   riage avec des étrangers, antérieurement au 1ᵉʳ avril 1814.   rieurement au 1ᵉʳ avril 1814,
                                   *ni à leurs enfants nés de pères
                                   ayant joui de la qualité de Fran-
                                   çais.*

                                   ARTICLE XXIV, *additionnel.*

                                   L'article 1ᵉʳ de la loi du 5 dé-
                                   cembre 1814 , continuera de
                                   sortir son plein et entier effet ;
                                   en conséquence, aucune des dis-
                                   positions de la présente loi ne
                                   pourra préjudicier , en aucun
                                   cas , aux droits acquis avant la
                                   publication de la Charte consti-
                                   tutionnelle , et maintenus par
                                   ledit article , soit à l'État , soit à
                                   des tiers, ni donner lieu à aucun
                                   recours contre eux.

La discussion générale a commencé à la Chambre des pairs le 11 avril 1825.

ORATEURS INSCRITS

POUR, CONTRE ET SUR

LE PROJET DE LOI DE L'INDEMNITÉ.

Pour : *MM. le comte de Saint-Roman, le marquis de Mortemart, le duc de Crillon, le comte de Marcellus, le marquis de Maleville, et le marquis de Villefranche.*

Contre : *MM. le duc de Broglie, le comte Cornudet, le comte Molé, et le baron de Barante.*

Sur : *MM. le vicomte de Châteaubriand, le comte de Tournon, le duc de Choiseuil, le vicomte de Bonald, le comte de Montalembert, le comte de Kergorlay, et le marquis de Coislin.*

AMENDEMENTS

Proposés à la Chambre des pairs.

SUR L'ARTICLE PREMIER.

Amendement proposé par M. LE DUC DE CHOISEUIL. — Art. 1er. « Trente millions de rentes au capital de 600 millions sont alloués aux Français qui ont éprouvé des pertes par suite de la révolution. (Rejeté). — Art. 2. Sur cette somme, 15 millions de rentes sont affectés aux Français, anciens propriétaires de rentes sur l'état et de biens-fonds situés en France, ou qui faisaient partie du territoire de la France au 1er janvier 1792, et qui ont été confisqués ou aliénés en exécution des lois sur les émigrés, les déportés et les condamnés révolutionnairement. Cette indemnité est réglée au tiers des valeurs et biens confisqués. Elle est définitive; et, dans aucun cas, il ne pourra y être affecté une somme excédant celle qui est portée au présent article.—Art. 3. Les 15 millions de rentes restant sont distribués aux Français qui ont éprouvé des pertes dans la Vendée, à Lyon, Toulon, et autres lieux, au prorata des pertes de chacun. Le Gouvernement présentera, à la session prochaine, l'état de ces pertes, et proposera la répartition de l'indemnité. » (*Ces deux derniers articles n'ont pas été mis aux voix.*)

Amendement proposé par M. LE COMTE ROY, ayant pour objet de subsistuer à ces mots « 30 *millions de rente au capital d'un milliard* » ceux-ci : 37,500,000 *francs de rentes au capital de 750 millions sont affectés.* » (Rejeté.)

Amendement proposé par M. LE COMTE DE TOURNON, tendant à modifier ainsi la disposition de l'article. — « Il est dû par l'État, à dater de la promulgation de la présente loi, une indemnité aux Français dont les biens situés en France, ou qui faisaient partie du territoire de la France au 1er janvier 1792, ont été confisqués et aliénés en exécution des lois sur les émigrés, les déportés et les condamnés révolutionnairement. Cette indemnité est fixée à 30 millions de rente au capital d'un milliard. Elle est définitive ; et, dans aucun cas, il ne pourra y être affecté aucune somme excédant celle qui est portée au présent article. » (*Retiré par son auteur sur l'explication donnée par le commissaire du Roi, que l'intention du Gouvernement n'était pas d'établir une connexion nécessaire entre l'art. 1er et l'art. 7, et que la rédaction de l'art. 1er ne devait rien préjuger à cet égard.*)

Amendement proposé par M. LE MARQUIS DE PANGE, consistant, en effaçant le mot *due*, à rédiger ainsi le premier paragraphe de l'article. — « Il est alloué, à titre d'indemnité et de réparation, une somme de 30 millions de rentes, au capital d'un milliard, aux Français, anciens propriétaires de biens-fonds situés en France, et qui ont été confisqués et aliénés en vertu des lois sur les émigrés, les déportés et les condamnés révolutionnairement. » (Rejeté.)

Amendement proposé par M. LE COMTE DE KERGORLAY, ayant pour objet de remplacer dans l'art. 1er, le mot : « *français*, par ces mots : *anciens propriétaires*. (Rejeté.)

Autre amendement proposé par M. LE COMTE DE KERGORLAY tendant à ajouter à la fin de l'article un paragraphe ainsi conçu : « Les biens connus sous le nom de *domaines congéables* dans les départements des Côtes-du-Nord, du Finistère et du Morbihan, sont du nombre de ceux auxquels l'indemnité est destinée, soit que l'aliénation du fonds de ces domaines ait été opérée sous le nom de vente ou sous celui de rachat de rente ; en ce dernier cas, la loi du 27 août 1792 ne pourra pas être opposée à la délivrance de l'indemnité. » (*Sur les explications données par le rapporteur de la Commission et par le commissaire du Roi, que c'est dans ce sens qu'a été conçue la disposition du projet, qu'elle a pour but d'indemniser les anciens propriétaires des biens que la loi actuelle range*

dans la classe des biens-fonds , et que les domaines congéables
étant de ce nombre , aucun doute ne peut s'élever à leur égard ,
M. le comte de Kergorlay a déclaré ne pas insister.

SUR L'ARTICLE II.

Amendement proposé par M. LE MARQUIS DE COISLIN , ayant pour
objet de substituer à l'art. 2 une série de dispositions ainsi conçue :
« § 1er. Pour les biens vendus en exécution des lois qui ordonnaient
la recherche et l'indication préalable du revenu de 1790, ou du revenu
valeur de 1790, l'indemnité consistera en une inscription de rentes
3 pour 100 sur le grand-livre de la dette publique , dont le capital ,
pour les deux premiers cinquièmes à délivrer , sera *provisoirement*
réglé sur vingt fois le revenu , y compris l'impôt foncier tel qu'il a
été constaté par les procès-verbaux d'expertise ou d'adjudication.
§ 2. Pour les biens-fonds dont la vente a été faite en vertu des
lois antérieures au 12 prairial an III , qui ne prescrivaient qu'une
simple estimation préalable , l'indemnité se composera d'une inscription de rentes 3 pour 100 sur le grand-livre de la dette publique , dont le capital sera , pour les deux premiers cinquièmes
à délivrer , égal au prix de la vente réduit en numéraire au jour de
l'adjudication , d'après le tableau de dépréciation des assignats
dressé en exécution de la loi du 5 messidor an V, dans le département où était située la propriété vendue. § 3. Néanmoins ceux
qui se croiraient lésés par l'application qui pourrait leur être faite
de l'une ou l'autre de ces deux bases d'évaluation , seront admis
à faire la preuve du préjudice qu'ils en éprouveraient et à en demander la rectification , qui sera admise, s'ils parviennent à l'établir d'une manière irrécusable. § 4. Ces preuves devront être faites
dans chaque département , dans les deux ans qui suivront la promulgation de la présente loi , devant une commission nommée par
le Roi , et qui jugera de la validité des pièces qui seront fournies
à l'appui. Les parents et les amis des absents seront admis à faire ces
réclamations, en leurs noms, sans qu'ils aient besoin d'être chargés
de procuration. § 5. Passé le délai de deux ans , aucune réclamation ne pourra plus être admise. § 6. Quand il sera prouvé à celui
qui réclamera contre l'évaluation donnée à une partie de ses biens ,
que pour d'autres portions il aurait à recevoir , d'après les bases générales , plus de vingt fois son revenu, il seras fait compensation;
et dans le cas où il y aurait un excédent, il en sera fait défalcation
sur la totalité de ce qui lui revient. § 7. A mesure que les réclamations auront été jugées , les préfets enverront ce travail au ministre
des finances , avec l'avis motivé de la commission. § 8. Les ayants-
droit pourront se pourvoir contre la décision de la commission,
devant le Roi en conseil d'état , dans les formes et délais fixés pour
les affaires contentieuses. (*Ce* § *remplacerait l'article 14 du projet.*)
§ 9. Lorsque toutes les réclamations auront été jugées définitivement , le ministre des finances fera dresser un état général de tous
les revenus des biens vendus. Cet état sera dressé par département,

et conforme au modèle suivant. § 10. Cet état devra être fait avant
la délivrance des inscriptions des trois derniers cinquièmes de
l'indemnité, les deux premiers devant être délivrés, sans retard,
à tous les intéressés, d'après les bases actuelles de la présente loi
§ 11. Cet état sera rendu public par la distribution qui en sera
faite aux membres des chambres, et par le dépôt d'un exemplaire
dans chaque préfecture. (*Ce § remplacerait l'article 21 du projet
de loi.*) § 12. Pour ceux dont les biens ont été vendus sans estimation préalable, et qui se contenteraient du mode fixé par le paragraphe qui les concerne, le montant de leur revenu à inscrire au
tableau général sera calculé en prenant le vingtième du capital qui
sera reconnu leur être dû, d'après la dépréciation des assignats au
jour de la vente, et ensuite, comme pour les autres ayants-droit,
on calculera ce qui leur revient, au marc le franc, pour leur revenu ainsi établi. » (Point appuyé.)

. *Amendement proposé par* M. LE COMTE DE TOURNON ☀ ayant pour
objet de substituer, dans le premier paragraphe, à ces mots : 18 *fois
le revenu, etc,* , ceux-ci : 20 *fois le revenu.* (Rejeté.)

SUR L'ARTICLE III.

Amendement proposé par M. LE COMTE DARU, ayant pour objet
d'ajouter, à la fin du second paragraphe, une disposition ainsi
conçue : — «Lorsque la confiscation des biens d'un émigré, alors
fils de famille, aura eu lieu à titre de présuccession, et que, depuis, cet émigré aura été dédommagé de cette perte, soit par une
donation de ses parents, soit par un abandon de la part de ses cohéritiers, l'indemnité qui doit résulter de la présente loi appartien-
dra, non à l'émigré seul, mais collectivement à lui et aux co-héri-
ritiers de la succession, dont le partage avait été fait par anticipa-
tion. » (Rejeté.)

SUR L'ARTICLE V.

Amendement proposé par M. LE VICOMTE DE CHATEAUBRIAND,
tendant à ce qu'on délivre à chaque indemnité, en une seule fois,
l'inscription de rente, montant de la totalité de son indemnité.
(Rejeté.)

SUR L'ARTICLE VII.

Amendement proposé par MM. LE COMTE DE TOURNON ET LE BARON
DE MONTALEMBERT : — « Seront admis à réclamer l'indemnité,
l'ancien propriétaire, et à son défaut, les héritiers en ligne directe
ou collatérale, au dégré successible, qui seraient appelés à le représenter à l'époque de la promulgation de la présente loi. »
(Rejeté.)

Amendement proposé par M. LE MARQUIS DE COISLIN, ayant pour
objet d'insérer dans le § 1ᵉʳ la restriction suivante : — « Néan-

moins les légataires ou donataires ne seront admis à réclamer l'indemnité, qu'autant que la donation ou le testament renfermerait une clause expresse de transmission de droits éventuels sur les biens confisqués ou sur leur valeur. ». (Rejeté.).

Amendement proposé par M. LE COMTE D'ESCARS, ayant pour objet de substituer à l'art. 7 la disposition suivante : — « Seront admis à réclamer l'indemnité, l'ancien propriétaire, et, à son défaut, les héritiers en ligne directe ou collatérale au degré successible, qui étaient appelés à le représenter à l'époque de son décès, ou les représentants de ceux-ci. Leurs renonciations ne pourront leur être opposées, sauf dédommagement, s'il y a lieu, aux héritiers qui, à leur défaut, auraient accepté la succession. Les légataires et donataires universels, ou à titre universel, de l'ancien propriétaire, ne seront admis à réclamer l'indemnité au préjudice des héritiers naturels, qu'autant qu'il résulterait des clauses de l'acte que l'intention du testateur ou donateur a été de leur transmettre ses droits éventuels sur les biens confisqués ou leur valeur. Il ne sera dû aucun droit de succession pour les indemnités réclamées dans le cas du présent article et de l'art. 3. (*L'auteur de cet amendement a déclaré que d'après la majorité qui s'était prononcée dans la délibération précédente, il retirait sa proposition.*)

Amendement proposé par M. LE DUC DE COIGNY, ayant pour objet, d'ajouter à la fin du premier paragraphe de l'article 7 ces mots : *ou de leur renonciation*, et de supprimer par suite le second paragraphe. (Rejeté.)

SUR LES ARTICLES XVI ET XVII.

Amendement proposé par M. LE COMTE MARCELLUS, ayant pour objet de substituer aux articles 16 et 17 une seule disposition ainsi conçue : — « Les anciens propriétaires des biens affectés, tant provisoirement que définitivement, à des établissement publics, ou leurs représentants, pourront en demander la remise aussitôt qu'ils auront transmis à l'établissement détenteur une inscription de rente 3 pour cent, dont le capital sera égal au montant de l'estimation qui leur est due à titre d'indemnité. » (Rejeté.)

SUR L'ARTICLE XXIII.

Amendement proposé par M. LE MARQUIS DE COISLIN, ayant pour objet de supprimer la clause limitative, antérieurement au 1er avril 1814. (Rejeté.)

La discussion ayant été terminée le 21 avril 1825, le vote sur le projet amendé par la Commission a donné le résultat suivant :

Nombres des votants 222 ;

Boules blanches 159 ;

Boules noires 63.

Les changements et amendements adoptés à la Chambre des pairs, ayant nécessité le renvoi du projet, ainsi amendé, à celle des députés, il y a encore été proposé de nouveaux amendements, savoir :

SUR L'ART. ADDITIONNEL, FORMANT L'ART. XXIV.

Amendement proposé par M. DE BEAUMONT, ayant pour objet de supprimer dans cet article, les mots : *L'art. 1er de la loi du 5 décembre 1814 continuera de sortir son plein et entier effet ; en conquence,* et les mots *et maintenus par ledit article.* (*Rejeté.*)

Amendement proposé par M. BENJAMIN-CONSTANT, ayant pour objet d'ajouter à l'article les mots suivants : Tous les indemnisés renonceront formellement dans la quittance finale qu'ils donneront à l'Etat, en recevant leur indemnité, à toute prétention contraire à la présente disposition. (*Ecarté par la question préalable.*)

Après une discussion d'un jour seulement, la Chambre des députés a adopté le projet de loi amendé par la Chambre des pairs, à la majorité de 221 voix contre 130.

LOI

Concernant l'indemnité à accorder aux anciens propriétaires des biens-fonds, confisqués et vendus au profit de l'Etat, en vertu des lois sur les émigrés, les condamnés et les déportés (1).

A Paris, le 27 avril 1825.

CHARLES, par la grâce de Dieu, ROI DE FRANCE ET DE NAVARRE, à tous présents et à venir, SALUT.

Nous avons proposé, les Chambres ont adopté, NOUS AVONS ORDONNÉ ET ORDONNONS ce qui suit :

TITRE PREMIER.

De l'allocation et de la nature de l'indemnité.

ART. 1er Trente millions de rente au capital d'un milliard, sont affectés à l'indemnité due par l'Etat aux Français dont les biens-

(1) Voyez immédiatement après cette loi, l'ordonn. (n° 1) du 1er mai 1825, interprétative de la loi. Voyez ensuite les lois et décrets cités dans l'ordre où ils se présentent.

fonds , situés en France , ou qui faisaient partie du territoire de la France au 1ᵉʳ. janvier 1792 , ont été confisqués et aliénés en exécution des lois sur les émigrés , les déportés et les condamnés révolutionnairement.

Cette indemnité est définitive ; et dans aucun cas , il ne pourra y être affecté aucune somme excédant celle qui est portée au présent article. .

2. Pour les biens-fonds vendus en exécution des lois qui ordonnaient la recherche et l'indication préalable du revenu de 1790, ou du revenu valeur de 1790 , l'indemnité consistera en une inscription de rente, 3 pour cent , sur le grand-livre de la dette publique, dont le capital sera égal à dix-huit fois le revenu, tel qu'il a été constaté par les procès-verbaux d'expertise ou d'abjudication.

Pour les biens-fonds dont la vente a été faite en vertu des lois antérieures au 12 prairial an III (Nᵒ 1 bis), (31 mai 1795) qui ne prescrivaient qu'une simple estimation préalable, l'indemnité se composera d'une inscription de rente 3 pour cent sur le grand-livre de la dette publique, dont le capital sera égal au prix de vente réduit en numéraire au jour de l'adjudication, d'après le tableau de dépréciation des assignats , dressé en exécution de la loi du 5 messidor an V (Nᵒ 2) (23 juin 1797), dans le département où était située la propriété vendue.

Lorsque le résultat des liquiditions aura été connu , les sommes restées libres sur les 30,000,000 de rente déterminés par l'article 1ᵉʳ, seront employées à réparer les inégalités qui auraient pu résulter des bases fixées par le présent article, suivant le mode qui sera réglé par une loi.

3. Lorsqu'en exécution de l'article 20 de la loi du 9 floréal an III (Nᵒ 3) (28 avril 1795), les ascendants d'émigrés auront acquis, au prix de l'estimation déclarée , les portions de leurs biens-fonds attribuées à l'Etat par le partage de présuccession , le montant de l'indemnité sera égal à la valeur réelle des sommes qui auront été payées. En conséquence, l'échelle de dépréciation des départements , pour les assignats et les mandats , et le tableau du cours pour les autres effets reçus en paiement, seront appliqués à chacune des sommes versées , à la date du versement.

L'indemnité sera délivrée à l'ascendant s'il existe , et , à son défaut, à celui ou à ceux de ses héritiers qui , par les arrangements de famille , auront supporté la perte.

Lorsque l'Etat aura reçu d'un aîné ou autre héritier institué, le prix des légitimes que des légitimaires frappés de confiscation avaient droit de réclamer en biens-fonds , le montant, réduit de la somme payée pour le prix de cette portion légitimaire, sera restitué à ceux qui y avaient droit ou qui les représentent.

4. Lorsque les anciens propriétaires seront rentrés en possession des biens confisqués sur leur tête , après les avoir acquis de l'Etat, directement ou par personnes interposées, l'indemnité sera fixée sur la valeur réelle payée à l'Etat, conformément aux règles établies par l'article 3.

Lorsque, par les mêmes moyens, ils les auront rachetés à des tiers, l'indemnité sera égale aux valeurs réelles qu'ils justifieront avoir payées, sans que, dans aucun cas, elle puisse excéder celle qui est déterminée par l'art. 2. A défaut de justification, ils recevront une somme égale aux valeurs réelles formant le prix payé à l'Etat.

Dans les deux cas ci-dessus, les ascendants, descendants, ou femme de l'ancien propriétaire, seront réputés personnes interposées.

Lorsque les héritiers de l'ancien propriétaire seront rentrés directement dans la possession des biens confisqués sur lui, l'indemnité à laquelle ils auraient droit sera fixée de la même manière.

5. Les rentes 5 pour cent, affectées à l'indemnité, seront inscrites au grand-livre de la dette publique et délivrées à chacun des anciens propriétaires ou à ses représentants, par cinquième, et d'année en année, le premier cinquième devant être inscrit le 22 juin 1825.

L'inscription de chaque cinquième portera jouissance des intérêts du jour auquel elle aura dû être faite, à quelque époque que la liquidation ait été terminée et la délivrance opérée.

Néanmoins les liquidations donnant droit à des inscriptions inférieures à 250 fr. de rentes, ne seront pas soumises aux délais prescrits ci-dessus. L'inscription en aura lieu en totalité et avec jouissance du 22 juin 1825.

6. Pour l'exécution des dispositions ci-dessus, il est ouvert au ministre des finances un crédit de trente millions de rente 5 pour cent, qui seront inscrits, savoir :

Six millions le 22 juin 1825 ;
Six millions le 22 juin 1826 ;
Six millions le 22 juin 1827 ;
Six millions le 22 juin 1828 ;
Et six millions le 22 juin 1829 ;

avec jouissance, pour les rentes inscrites, du jour où leur inscription est autorisée.

TITRE II.

De l'admission à l'indemnité et de sa liquidation.

7. Seront admis à réclamer l'indemnité, l'ancien propriétaire, et, à son défaut, les Français qui étaient appelés, par la loi ou par sa volonté, à le représenter à l'époque de son décès, sans qu'on puisse leur opposer aucune incapacité résultant des lois révolutionnaires.

Leurs renonciations ne pourront leur être opposées que par les héritiers qui, à leur défaut, auraient accepté la succession.

Il ne sera dû aucun droit de succession pour les indemnités réclamées dans les cas du présent article et de l'article 3.

8. Pour obtenir l'indemnité, les anciens propriétaires ou leurs représentants se pourvoiront devant le préfet du département où sont situés les biens-fonds vendus. Le préfet transmettra la de-

mande au directeur des domaines du département, qui dressera le bordereau d'indemnité, conformément aux dispositions précédentes.

Le bordereau sera communiqué aux réclamants, ensuite adressé, par le préfet, au ministre des finances, avec les pièces produites. Il y joindra son avis motivé, qui portera tant sur les droits et qualités des réclamants, que sur les énonciations du bordereau, et les observations ou réclamations qu'il aurait reçues.

9. Le ministre des finances vérifiera : 1° s'il n'a pas été payé de soultes ou de dettes à la décharge du propriétaire dépossédé ; 2° s'il ne lui a pas été compté, en exécution de la loi du 5 décembre 1814 (N° 4), des sommes provenant de reliquats de décompte de la vente de ses biens; 3° s'il ne s'est pas opéré de compensations pour les sommes dues par lui au même titre; 4° si quelques-uns des biens vendus sur lui ne provenaient pas d'engagements ou autres aliénations du domaine royal, qui n'auraient été maintenus par les lois des 14 ventose an vii (N° 5) (4 mars 1799), et 28 avril 1816 (N° 6) qu'à la charge de payer le quart de la valeur desdits biens, auquel cas il sera fait déduction du quart sur l'indemnité due pour les mêmes biens.

Il sera dressé un état des déductions à opérer, dans lesquelles ne seront pas comprises les sommes payées à titre de secours aux femmes et enfants, les gages de domestiques, et autres paiements de même nature, faits en assignats, et en exécution des lois des 8 avril 1792 (N° 7.), et 12 mars 1793. (N° 8.)

Quel que soit le total de ces déductions, il ne pourra diminuer l'affectation des trente millions de rente fixés par l'article 1er.

10 Le bordereau d'indemnité et l'état des déductions seront transmis par le ministre des finances à une commission de liquidation nommée par le Roi.

11. La commission procédera d'abord à la reconnaissance des qualités et des droits des réclamants.

Dans le cas où elle jugerait la justification irrégulière ou insuffisante, elle les renverra devant les tribunaux pour faire statuer sur leur qualité contradictoirement avec le procureur du Roi.

S'il s'élève entre les réclamants des contestations sur leurs droits respectifs, la commission les renverra également à se pourvoir devant les tribunaux pour faire prononcer sur leurs prétentions, le ministère public entendu.

Il y sera statué comme en matière sommaire, à moins qu'il ne s'élève quelque question d'état.

12. Quand la justification des qualités aura été reconnue suffisante, ou quand il aura été statué par les tribunaux, la commission ordonnera qu'il sera donné copie aux ayants-droit, des bordereaux dressés dans les départements, et de l'état des déductions proposées par le ministre des finances; et elle procédera à la liquidation après avoir pris connaissance de leurs mémoires et observations.

13. La liquidation opérée, la commission donnera avis de sa décision aux ayants-droit, et la transmettra au ministre des finances, qui fera opérer l'inscription de la rente, pour le mon-

tant de l'indemnité liquidée , dans les termes et délais qui ont été prescrits.

14. Les ayants-droit , pourront se pourvoir contre la liquidation de la commission devant le Roi, en son conseil d'Etat , dans les formes et dans les délais fixés pour les affaires contenticuses.

La même faculté est réservée au ministre des finances.

TITRE III.

Des déportés et des condamnés.

15. Les dispositions précédentes seront applicables aux biens confisqués et aliénés au préjudice des individus déportés ou condamnés révolutionnairement.

Sera déduit de l'indemnité , le montant des bons au porteur, donnés en remboursement aux déportés et aux familles des condamnés , en exécution des décrets des 21 prairial (N.° 9) et 22 fructidor an III (N.° 10) (9 juin et 8 septembre 1795), réduit en numéraire au cours du jour où la remise leur en aura été faite.

TITRE IV.

Des biens affectés aux hospices et aux autres établissements de bienfaisance , et des biens concédés gratuitement.

16. Les anciens propriétaires des biens donnés aux hospices et autres établissements de bienfaisance , soit en remplacement de leurs biens aliénés, soit en paiement des sommes dues par l'Etat , auront droit à l'indemnité ci-dessus réglée. Cette indemnité sera égale au montant de l'estimation en numéraire faite avant la cession.

17. En ce qui concerne les biens qui n'ont été que provisoirement affectés aux hospices et autres établissements de bienfaisance , et qui, aux termes de l'art. 8 de la loi du 5 décembre 1814 (N.° 4.), doivent être restitués lorsque ces établissements auront reçu un accroissement de dotation égal à la valeur de ces biens , les anciens propriétaires ou leurs représentants pourront en demander la remise , aussitôt qu'ils auront transmis à l'hospice détenteur une inscription de rente 5 pour cent , dont le capital sera égal au montant de l'estimation qui leur est due à titre d'indemnité.

En ce qui concerne les biens définitivement et gratuitement concédés par l'Etat , soit à d'autres établissements publics , soit à des particuliers, l'indemnité due aux anciens propriétaires sera réglée conformément à l'article 16 ci-dessus. A défaut d'estimation desdits biens antérieure à la cession qui en a été faite, ils seront estimés contradictoirement et par experts , valeur de 1790.

TITRE V.

Des droits des créanciers relativement à l'indemnité.

18. Les oppositions qui seraient formées à la délivrance de l'inscription de rente, par les créanciers des anciens propriétaires, porteurs de titres antérieurs à la confiscation, non liquidés et non payés par l'État, n'auront d'effet que pour le capital de leurs créances. Les anciens propriétaires ou leurs représentants auront droit de se libérer des causes de ces oppositions, en transférant auxdits créanciers, sur le montant de la liquidation, en rente de 3 pour cent, un capital nominal égal à la dette réclamée.

Ces créanciers exerceront leurs droits suivant le rang des privilèges et hypothèques qu'ils avaient sur les immeubles confisqués.

L'ordre ou la distribution seront faits, s'il y a lieu, quel que soit le juge de la situation desdits biens, devant le tribunal du domicile de l'ancien propriétaire, ou devant le tribunal dans le ressort duquel la succession s'est ouverte.

TITRE VI.

Des délais pour l'admission.

19. Les réclamations tendantes à obtenir l'indemnité devront être formées, à peine de déchéance, dans les délais suivants, savoir :

Dans un an, par les habitants du royaume.

Dans dix-huit mois, par ceux qui se trouvent dans les autres États de l'Europe ;

Dans deux ans, par ceux qui se trouvent hors d'Europe.

Ces délais courent du jour de la promulgation de la présente loi.

20. Il sera ouvert dans chaque préfecture un registre spécial où seront inscrites, à leur date, les réclamations qui auront été adressées au préfet, ainsi que le résultat de chacune des liquidations, lorsqu'elle aura été terminée.

Des extraits régulièrement certifiés de ce registre seront délivrés à toutes personnes qui auront intérêt à les réclamer.

TITRE VII.

Dispositions générales.

21. Il sera annuellement distribué aux chambres, avec les projets de loi des comptes, des états détaillés de toutes les liquidations arrêtées conformément aux dispositions de la présente loi, pendant l'exercice auquel se rapporteront ces projets.

22. Pendant cinq ans, à compter de la promulgation de la présente loi, tous actes translatifs de la propriété des biens confisqués sur les émigrés, les déportés, et les condamnés révolutionnaire-

ment, et qui seraient passés entre le propriétaire actuel desdits biens et l'ancien propriétaire ou ses héritiers, seront enregistrés, moyennant un droit fixe de 3 francs.

23. La qualité d'étrangère ou d'étranger ne pourra être opposée, relativement à l'exécution de la présente loi, aux Françaises, veuves ou descendantes d'émigrés, de déportés ou de condamnés révolutionnairement, lesquelles auraient contracté mariage avec des étrangers, antérieurement au 1er avril 1814, ni à leurs enfants, nés de pères ayant joui de la qualité de Français.

24. L'article 1er de la loi du 5 décembre 1814 (N° 4.) continuera de sortir son plein et entier effet; en conséquence, aucune des dispositions de la présente loi ne pourra préjudicier en aucun cas aux droits acquis, avant la publication de la Charte constitutionnelle, et maintenus par ledit article, soit à l'État, soit à des tiers, ni donner lieu à aucun recours contre eux.

(N° 1er.)

ORDONNANCE DU ROI,

Du 1er mai 1825, interprétative de la loi sur l'indemnité.

TITRE PREMIER.

Dispositions générales.

Art. 1er. Il sera procédé immédiatement par les directeurs des domaines dans les départements, à la liquidation de l'indemnité due par l'État pour tous les biens fonds confisqués et vendus révolutionnairement.

Ces liquidations seront faites au nom du propriétaire dépossédé, et serviront de base aux bordereaux à former sur les réclamations des parties, conformément aux dispositions contenues en la présente ordonnance.

2. Notre ministre secrétaire-d'état des finances transmettra au directeur-général de l'administration de l'enregistrement et des domaines, l'état des déductions à imputer, sur l'indemnité due aux anciens propriétaires de biens-fonds confisqués et vendus révolutionnairement, ou à leurs représentants. Cet état sera adressé aux directeurs des domaines de chaque département. Il contiendra, les dettes payées à la décharge du propriétaire dépossédé, excepté en ce qui concerne les sommes payées à titre de secours aux femmes et enfants, les gages de domestiques et autres paiements de même nature, faits en assignats et en exécution des lois des 8 avril 1792, et 12 mars 1793.

3. Le directeur-général de l'enregistrement et des domaines

joindra à l'état qui lui aura été transmis par le ministre des finances, un tableau indicatif :

1° Des soultes payées à la décharge des propriétaires dépossédés ;

2° Des sommes provenant de reliquats de décomptes, lesquelles ont été remises aux anciens propriétaires ou à leurs représentants, en exécution de la loi du 5 décembre 1814, et des compensations opérées à leur profit pour des sommes par eux dues au même titre ;

3° Du montant des bons au porteur donnés en remboursement aux déportés et aux familles des condamnés, en exécution des décrets des 21 prairial et 22 fructidor an 3, réduits en numéraire, au cours du jour où la remise leur en a été faite.

Il prescrira aux directeurs de son administration dans les départements où sont situés les biens vendus révolutionnairement, et qui proviennent d'engagements ou autres aliénations du domaine royal, qui n'auraient été maintenus par les lois des 14 ventose an 7 et 28 avril 1816, qu'à la charge de payer le quart de la valeur desdits biens, d'en dresser un état général, afin qu'il soit fait déduction du quart sur l'indemnité due pour les mêmes biens.

4. Les préfets feront rechercher sans délai dans les archives du département, et classer à l'aide d'un répertoire alphabétique, les procès-verbaux d'expertise, d'adjudication ou de partage, et tous les autres actes administratifs concernant les biens-fonds confisqués ou aliénés en exécution des lois sur les émigrés, les déportés et les condamnés révolutionnairement, et qui devront être, ou consultés par les employés supérieurs des domaines, ou produits pour la vérification ou la constatation des relevés ou extraits d'après lesquels les décomptes d'indemnité auront établis.

Un semblable travail aura lieu pour les titres des créances dont la liquidation a été faite dans les départements.

TITRE II.

Des demandes en indemnité et des pièces qui doivent y être annexées.

5. L'ancien propriétaire des biens-fonds qui, en exécution des lois sur les émigrés, les déportés et les condamnés révolutionnairement, ont été confisqués et aliénés, ou qui ont été, soit donnés aux hospices et autres établissements de bienfaisance, en remplacement de leurs biens vendus ou en paiement de dettes, soit affectés provisoirement à de semblables établissements, soit concédés gratuitement à d'autres établissements ou à des particuliers ;

A défaut de l'ancien propriétaire, les Français qui étaient appelés par sa volonté ou par la loi, à le représenter à l'époque de son décès ; les héritiers qui, en cas de renonciation des héritiers naturels ou institués, auraient accepté la succession, ou ceux qui, par les arrangements de famille, ont supporté la perte résultant de la confiscation ;

Les Françaises veuves ou descendantes d'émigrés, de déportés ou de condamnés révolutionnairement, lesquelles auraient contracté, mariage avec des étrangers antérieurement au 1ᵉʳ avril 1814 , et leurs enfants nés de pères ayant joui de la qualité de Français ,

Devront, pour obtenir l'indemnité, adresser une demande en liquidation au préfet du département de la situation des biens...

6. Toute demande en indemnité contiendra :

1° Élection de domicile dans le département de la situation des biens-fonds ;

2° Les noms et prénoms des individus sur lesquels les biens-fonds ont été confisqués ;

3° La déclaration que le réclamant n'est pas rentré , depuis la confiscation , en la possession des mêmes biens, ou s'il y est rentré , les indications contenues aux articles 13 , 14 et 15 de la présente ordonnance.

Cette demande sera, en outre, appuyée des titres et pièces nécessaires pour établir la qualité d'ayant-droit à l'indemnité, conformément à ce qui va être indiqué.

7. Lorsque l'indemnité sera réclamée par l'ancien propriétaire , il devra justifier de sa qualité , en produisant :

1° Un extrait de son acte de naissance en due forme ;

2° Un acte de notoriété , dressé par-devant le juge de paix , de la situation des biens confisqués , ou du domicile du réclamant , signé par cinq témoins notables , et constatant son identité avec le propriétaire dépossédé.

8. Si la demande en indemnité est formée par les Français qui étaient appelés par la loi, ou par la volonté de l'ancien propriétaire à le représenter à l'époque de son décès, les réclamants produiront, indépendamment de l'extrait de naissance de chacun d'eux, l'extrait des registres de l'état civil, constatant le décès du propriétaire dépossédé, et les actes servant à établir leurs droits à la succession.

Les héritiers qui entendront se prévaloir de la renonciation qui aura été faite à la succession de l'ancien propriétaire , par les héritiers naturels ou institués à l'époque de son décès, devront en outre produire une copie en due forme de l'acte de renonciation , et la preuve de leur acceptation.

9. Les Françaises veuves ou descendantes d'émigrés, déportés ou condamnés révolutionnairement, que l'art. 23 de la loi admet à participer à l'indemnité, bien que mariées avec des étrangers, lorsque le mariage a été contracté antérieurement au 1ᵉʳ avril 1814 , devront présenter , indépendamment des pièces mentionnées aux articles ci-dessus, une copie de leur acte de mariage, revêtue des légalisations nécessaires.

10. Les enfants des Françaises , veuves ou descendantes d'émigrés , déportés ou condamnés révolutionnairement, qui sont nés des pères ayant joui de la qualité de Français , et que l'art. 23 de la loi appelle également à jouir de l'indemnité, joindront à leur demandes et aux titres établissant leurs droits , les actes authentiques constatant que leur père a possédé la qualité de Français , et l'acte de mariage de leur mère..

11. Lorsque la demande en indemnité sera fondée sur les dispositions du premier paragraphe de l'art. 3 de la loi, les ascendants d'émigrés qui auront acquis de l'Etat, au prix de l'estimation déclarée, les portions de leurs biens-fonds attribués à l'Etat par le partage de présuccession, devront en même temps qu'ils requéreront la liquidation de leur indemnité dans la forme indiquée aux articles 5. 6 et 7 de la présente ordonnance, faire la déclaration du rachat qu'ils ont effectué, et indiquer les noms et prénoms de ceux sur lesquels la confiscation a été opérée.

A défaut de l'ascendant acquéreur de l'Etat, celui ou ceux des héritiers qui, d'après les arrangements de famille, auront supporté la perte; devront en faire la déclaration dans la demande qu'ils adresseront au trésor, et administrer la preuve des droits et qualités auxquels ils réclament.

12. Les légitimaires frappés de confiscation dans les biens-fonds qu'ils avaient droit de réclamer pour leur légitime, à défaut des légitimaires, leurs représentants, devront réunir à leur demande et aux titres établissant leurs qualités et droits, l'indication des biens-fonds sur lesquels ils avaient droit de réclamer *en nature* leur légitime et les noms et prénoms de l'aîné ou autre héritier institué qui a acquis les biens.

13. A l'égard de l'ancien propriétaire rentré en possession des biens confisqués sur lui, après les avoir acquis de l'Etat, soit directement, soit par ascendant, descendant, femme ou tout autre personne interposée, ou de l'héritier de l'ancien propriétaire qui a racheté directement de l'Etat les biens confisqués sur son auteur, la demande qu'ils adresseront au préfet, conformément aux articles 5, 6 et 7 de la présente ordonnance, devra en outre contenir la déclaration du rachat qu'ils ont effectué, et la désignation des noms et prénoms de la personne interposée.

14. Lorsque par rachat fait à des tiers, l'ancien propriétaire sera rentré en possession de biens confisqués sur sa tête, soit par lui directement, soit par ascendant, descendant, femme ou toute autre personne interposée, ou lorsque l'héritier de l'ancien propriétaire sera rentré en possession des biens confisqués sur son auteur, par acquisition directe faite à l'État, la demande adressée au préfet en conformité des articles 5, 6 et 7, en contiendra la déclaration; et pour que l'indemnité soit appréciée et réglée à une somme égale aux valeurs réelles payées aux tiers vendeurs, sans qu'elle puisse toutefois excéder l'allocation résultante de l'article 2 de la loi; le réclamant, indépendamment des titres servant à justifier de ses droits et qualités, devra produire :

1° Dans le cas où l'ancien propriétaire lui-même ou son héritier aurait racheté directement à des tiers, une copie du contrat d'acquisition ayant date certaine;

2° Si le rachat a été fait par personne interposée, ou par ascendants, descendants, ou femme de l'ancien propriétaire, l'acte d'acquisition par la personne interposée et l'acte de rétrocession; l'un et l'autre en forme authentique ou ayant date certaine;

15. Les réclamants qui ne pourraient administrer la preuve des

sommes qu'ils ont payées à des tiers , pour le rachat des biens dans la possession desquels ils sont rentrés , devront dans la demande en indemnité qu'ils adresseront au préfet, faire la déclaration de l'impossibilité où ils se trouvent de fournir les justifications nécessaires.

TITRE III.

De l'enregistrement des demandes en indemnité déposées à la préfecture , et des délais fixés pour leur admission.

Toute demande en indemnité parvenue à la préfecture, sera aussitôt portée sur le registre spécial qui doit y être ouvert en exécution de l'art. 20 de la loi. Ce registre, conforme au modèle ci-annexé , sera coté et paraphé par première et dernière par le préfet. Les réclamations y seront inscrites à la date et dans l'ordre de leur arrivée ; chaque demande sera revêtue d'un visa signé par le secrétaire-général , avec indication du n° et de la date de l'enregistrement.

Le même registre servira également à constater successivement et d'une manière sommaire la suite donnée à chaque affaire jusqu'à sa conclusion.

Des extraits régulièrement certifiés de ce registre ou de l'enregistrement des demandes, seront délivrés à toutes personnes qui auront intérêt à les réclamer.

17. Aux termes de l'art. 19 de la loi , les réclamations tendantes à obtenir l'indemnité, devront être formées à peine de déchéance, dans le délai d'un an pour les habitants du royaume, de dix-huit mois pour ceux qui se trouvent dans les autres États de l'Europe , et de deux ans pour ceux qui se trouvent hors d'Europe.

En conséquence , à la fin du jour de l'expiration d'une année, à partir de la promulgation de la loi dans le département, le préfet sera tenu de clore et d'arrêter le registre des réclamations par un procès-verbal constatant l'heure de la clôture , et dont il adressera une ampliation à notre ministre secrétaire-d'État des finances dans les vingt-quatre heures.

18. Ne seront plus admises à l'enregistrement,

1° Les demandes en indemnité présentées après le délai d'un an jusqu'à celui de dix-huit mois , si elles ne sont accompagnées de la preuve authentique que le réclamant se trouvait dans les autres État de l'Europe au moment de la promulgation de la loi ;

2° Les demandes qui seront présentées après dix-huit mois , jusqu'au terme de deux ans , à moins qu'elles ne soient accompagnées de la preuve authentique constatant qu'au moment de la promulgation de la loi le réclamant se trouvait hors d'Europe.

19. Aussitôt après la réception et l'enregistrement des demandes , le préfet les transmettra au directeur des domaines du département chargé de préparer les éléments de la liquidation et de dresser en conséquence le bordereau de l'indemnité.

TITRE IV.

De la réunion des éléments de liquidation et de la formation des bordereaux d'indemnité par les directeurs des domaines.

20. A la réception des demandes à lui transmises par le préfet, le directeur des domaines procédera à la formation du bordereau d'indemnité dans l'ordre des inscriptions sur le registre de la préfecture et conformément à ce qui va être ci-après indiqué.

21. Si les biens-fonds ont été vendus en exécution des lois qui ordonnaient la recherche et l'indication préalable du revenu de 1790 ou du revenu valeur de 1790, le bordereau contiendra l'énonciation du procès-verbal d'expertise ou d'adjudication, en ce qui concerne la date des lois ou décrets en vertu desquels l'aliénation a été faite, et celle des actes d'aliénation, les noms et prénoms des propriétaires dépossédés, la désignation des biens, l'évaluation de leur revenu, les causes de leur confiscation, et la fixation de l'indemnité à un capital égal à dix-huit fois le revenu, tel qu'il a été constaté par les procès verbaux d'expertise ou d'adjudication.

22. Si la vente a été faite en vertu des lois antérieures du 12 prairial an III, qui ne prescrivaient qu'une simple estimation préalable, le bordereau contiendra l'énonciation du procès verbal d'adjudication, en ce qui a rapport aux nom et prénoms du propriétaire dépossédé, à la date des lois en exécution desquelles les ventes ont été faites, à celle des actes de ventes, à la désignation des biens aliénés, aux causes de la confiscation, à la date et au montant de la vente, et le réglement de l'indemnité en capital à une somme égale au prix de la vente, réduit en numéraire au jour de l'adjudication, d'après le tableau de dépréciation des assignats, dressé dans le département où étaient situées les propriétés vendues.

23. A l'égard des portions de biens, attribuées à l'Etat par le partage de présuccession, qui ont été rachetées par l'ascendant d'un émigré, ou des portions de biens-fonds que des légitimaires frappés de confiscation avaient droit de réclamer, et dont le prix a été payé à l'Etat par un aîné ou autre héritier institué, le bordereau par le directeur des domaines, portera : 1° les énonciations de l'acte de liquidation et partage du patrimoine déclaré en exécution de la loi du 28 avril 1795 (7 floréal an III), en ce qui a rapport aux nom et prénoms de l'acquéreur et du propriétaire dépossédé, à la désignation des biens, aux causes de la confiscation, à la date et au montant de la vente; 2° le relevé fait sur les registres des domaines constatant la nature des valeurs données en paiement, la date et le montant de chacun des versements en principal et intérêts; 3° le réglement de l'indemnité à la valeur des sommes qui auront été payées à l'Etat, suivant l'application à chacune des sommes versées à la date du versement, de l'échelle de dépréciation des départe-

ments pour les assignats ou les mandats , et le tableau du cours pour les autres valeurs reçues en paiement.

24. Quant aux biens-fonds qui sont rentrés en la possession de l'ancien propriétaire , après avoir été rachetés de l'Etat, soit par l'ancien propriétaire directement, soit par ascendants, descendants, femmes ou autres personnes interposées , le bordereau devra comprendre l'énonciation de l'acte de vente relativement à la date de l'aliénation, aux nom, prénoms de l'acquéreur et du propriétaire dépossédé, aux rapports de parenté ou d'alliance existants entre eux , à la désignation et au prix de vente des biens , aux causes de la confiscation, à la nature des valeurs données en paiement, à la date et au montant de chacun des versements en principal et intérêts , et la fixation de l'indemnité à la valeur réelle payée à l'Etat.

25. Si la demande en indemnité est présentée par des héritiers de l'ancien propriétaire rentrés dans la possession des biens confisqués sur lui , après les avoir acquis de l'Etat directement , l'indemnité sera réduite à la valeur des sommes payées à l'Etat , et le bordereau renfermera en conséquence les mêmes énonciations que celles dont il a été fait mention à l'article précédent.

26. Lorsque les anciens propriétaires seront rentrés en possession des biens confisqués sur leurs têtes après les avoir rachetés à des tiers, directement ou par ascendants , descendants, femmes, et toutes autres personnes interposées, ou lorsque l'héritier de l'ancien propriétaire sera rentré en possession des biens confisqués sur lui et par acquisition directe faite à des tiers , le bordereau comprendra : 1° le montant de l'indemnité, d'après les valeurs payées et les justifications fournies par le réclamant, conformément à l'article 14 de la présente ordonnance ; 2° le montant de l'indemnité résultant de l'application des bases générales de la loi et des dispositions contenues à l'article 21 ou à l'article 22 de la présente ordonnance, suivant l'époque à laquelle la vente desdits biens a eu lieu ; 3° et, en définitive , le réglement de l'indemnité à la moindre des deux sommes provenant de la double liquidation ci-dessus prescrite. A défaut de justification , la fixation de l'indemnité sera égale aux valeurs réelles formant le prix payé à l'Etat, et en conséquence le bordereau dressé par le directeur des domaines devra contenir les diverses indications contenues à l'article 23 ci-dessus.

27. A l'égard des biens qui ont été donnés aux hospices ou autres établissements de bienfaisance , soit en remplacement de leurs propriétés aliénées, soit en paiement des sommes à eux dues par l'État, ainsi que des biens qui n'ont été que provisoirement affectés à des établissements de bienfaisance , le directeur énoncera , dans le bordereau , la date de la confiscation, les nom et prénoms du propriétaire dépossédé, la date des lois et décrets en exécution desquels ont été faites les concessions, celle des actes de concession, le nom de l'établissement concessionnaire , la désignation des biens , le prix de l'estimation tel qu'il a été porté dans l'acte de concession, et la fixation de l'indemnité au montant de l'estimation en numéraire faite avant la cession.

28. En ce qui concerne les biens définitivement et gratuitement concédés par l'État, soit à des établissements publics autres que des hospices et établissements de bienfaisance, soit à des particuliers, le bordereau contiendra les énonciations portées à l'article précédent, s'il a procédé à l'estimation avant la concession. A défaut d'estimation antérieure à la cession, le directeur provoquera, auprès du préfet, l'expertise d'après laquelle sera établie la valeur desdits biens à l'époque de 1790, ou valeur de 1790. Les experts seront au nombre de trois. Ils seront nommés par les ayant-droit à l'indemnité, et par le préfet. Si le préfet et les parties ne peuvent s'entendre sur la nomination des trois experts, il y sera pourvu, conformément au Code de procédure civile, par le tribunal de la situation des biens. Expédition du procès-verbal d'expertise sera remise au directeur des domaines. Le résultat en sera consigné au bordereau établi dans la forme indiquée à l'article précédent, et contenant le réglement de l'indemnité à un capital égal au montant de l'estimation d'après l'expertise contradictoire.

29. Lorsque les archives du département auront été détruites, cette circonstance devra être constatée par le préfet, et il sera suppléé aux procès-verbaux d'expertise ou d'adjudication, et autres actes administratifs, par les sommiers des receveurs des domaines.

30. Le bordereau présentera le décompte de la totalité de l'indemnité due à l'ancien propriétaire, pour raison des biens confisqués sur sa tête et vendus révolutionnairement dans le même département. Si, à défaut de l'ancien propriétaire, la demande en liquidation a été faite par un héritier ou autre ayant-droit, le nom de l'héritier ou de l'ayant-droit sera, en outre, porté dans le bordereau avec la désignation de la qualité en laquelle il agit, de la part qu'il réclame dans la liquidation de l'indemnité de l'ancien propriétaire, et le réglement de l'indemnité, réduit conformément aux dispositions de la loi, dans le cas où il se trouverait dans la situation prévue aux articles 25 et 26 de la présente ordonnance.

31. Mention sera faite sur le bordereau de l'indemnité de la somme due par l'ancien propriétaire ou par le réclamant, suivant les états de passif qui seront transmis par le directeur-général des domaines, conformément aux dispositions de l'art. 3 de la présente ordonnance. Si, d'après ces mêmes états, aucune dette n'est à imputer sur l'indemnité, mention en sera faite et certifiée au bordereau par le directeur des domaines.

32. Si la communication des pièces qui auront servi à la formation du bordereau d'indemnité ou des titres de créance qui y sont mentionnés est demandée par les parties, elle leur sera donnée sans déplacement, sur une demande adressée aux fonctionnaires et agents entre les mains desquels ces pièces ou titres se trouvent déposés.

33. Le directeur des domaines adressera au préfet les bordereaux d'indemnité en double expédition, et toutes les pièces à l'appui, avec telles observations qu'il jugera utiles, soit sur les droits et qualités des réclamants, soit sur les justifications par eux pro-

duites, soit sur les bases adoptées par la liquidation et la formation des bordereaux d'indemnité, et enfin sur tout ce qui peut être sujet à discussion ou contestation.

TITRE V.

De la communication des bordereaux d'indemnité aux réclamants ; de la vérification des titres par le conseil de la préfecture, et de ses avis.

34. Après le renvoi qui lui aura été fait du bordereau d'indemnité, le préfet en donnera une copie aux réclamants, au domicile qu'ils auront élu dans le département, ainsi que de l'état des dettes mentionnées au bordereau, afin qu'ils aient à lui présenter leurs mémoires et observations. Ces mémoires devront être accompagnés d'observations distinctes et séparées, ayant pour objet la lésion qui pourrait résulter pour les réclamants de l'application des dipositions générales de la loi, et qui porterait l'allocation à une somme moindre que dix-huit fois le revenu *réel* de 1790.

35. Aussitôt après que les observations ou mémoires que les réclamants auraient à présenter, lui seront parvenus, le préfet, en conseil de préfecture, procédera, 1º à la vérification des titres justificatifs des qualités et droits des réclamants ; 2º à l'examen des bases adoptées pour le réglement de l'indemnité, des énonciations du bordereau, et des observations des réclamants. Il donnera sur le tout un avis motivé.

36. Le préfet, en conseil de préfecture, par un avis distinct et séparé, donnera son opinion sur le mérite des réclamations, pour cause de lésion résultant pour les ayant-droit de la fixation de l'indemnité à un capital moindre de dix-huit fois le revenu *réel* de 1790.

37. Si, dans un bordereau, le montant de l'indemnité se trouve excédé ou seulement balancé par l'imputation des dettes du réclamant envers l'État, le bordereau, nonobstant ce résultat, devra être vérifié, discuté, et donner lieu à un avis du préfet, en conseil de préfecture.

38. Ampliation certifiée de l'avis du préfet, séant en conseil de préfecture, sera communiquée aux parties, dans les huit jours de sa date, au domicile par elles indiqué dans la demande. Dans le même délai, cet avis, portant mention de la communication faite aux parties, sera adressé par le préfet à notre ministre secrétaire d'État des finances, avec toutes les pièces à l'appui, ensemble les mémoires et observations des réclamants, concernant les résultats du bordereau. Les observations que les réclamants pourraient avoir à présenter contre l'avis du conseil de préfecture, devront être adressées directement à notre ministre secrétaire d'État des finances.

39. Le conseil de préfecture se réunira trois fois par semaine, et plus fréquemment s'il est reconnu nécessaire, à l'effet de délibérer

sur les demandes en indemnités : ses avis seront consignés sur un registre spécial.

40. Notre ministre secrétaire d'Etat des finances communiquera à l'administration des domaines, avant de les transmettre à la commission de liquidation, les bordereaux d'indemnité qui lui auront été envoyés par les préfets, et les mémoires ou observations qui lui adresseraient les réclamants ; il fera vérifier s'il n'a pas été commis de double emploi ou d'omission dans la déduction des dettes portées aux états de passif, dressés au ministère des finances ou à la direction des domaines.

TITRE VI.

De la commission de liquidation, de ses opérations et de l'inscription des rentes liquidées.

41. La commission de liquidation sera composé de vingt-six membres. Les rapports seront faits à la commission par tous les maîtres des requêtes composant le service ordinaire de notre conseil d'Etat, à leur tour de rôle. La voix du maître des requêtes rapporteur comptera dans les délibérations.

42. La commission sera divisée en cinq sections : elles seront présidées par un ministre d'Etat. Il suffira de trois membres présents pour que les délibérations puisent avoir lieu ; en cas de partage ; l'affaire sera renvoyée à toutes les sections réunies.

43. Il y aura près de la commission de liquidation, un secrétaire général. Dans chacune des cinq sections, un secrétaire adjoint tiendra la plume et rédigera le procès-verbal des séances.

44. La commission de liquidation recevra, de notre ministre secrétaire d'Etat, des finances, les titres, bordereaux, états de passif, accompagnés des avis donnés, tant par le préfet en conseil de préfecture, que par l'administration des domaines, et des observations et mémoires produits par les réclamants.

45. Les communications faites à la commission par notre ministre secrétaire d'Etat des finances, seront consignées sur un registre, les réclamations seront examinées dans l'ordre de leur transmission.

45. La commission procédera d'abord à la reconnaissance des qualités et droits des réclamants. Si elle pense que leurs titres soient insuffisants, que leur justification est irrégulière, ou s'il s'élève entre les réclamants des contestations sur leurs droits respectifs, la commission les renverra à se pourvoir devant l'autorité compétente pour faire statuer sur leurs qualités ou prononcer sur leurs prétentions.

47. Quand la justification des qualités et droits aura été reconnue suffisante, ou quand il aura été statué conformément à l'article précédent, la commission, après avoir vérifié qu'il a été donné copie aux parties, des bordereaux et états de passif, procédera à la liquidation, conformément aux bases posées par la loi pour les différentes classes de biens confisqués ou vendus.

48. Les délibérations de la commission seront signées du président et du secrétaire-général. Il en sera adressé copie à notre ministre secrétaire d'Etat des finances.

49. La communication à donner aux ayants-droit, conformément à l'article 19 de la loi, aura lieu par l'intermédiaire des préfets, au domicile élu dans les demandes d'indemnité.

50. Après cette notification, les ayants-droit pourront requérir l'inscription immédiate de la rente liquidée à leur profit, en déclarant qu'ils n'entendent pas exercer le pourvoi. Leur demande contiendra, en outre, l'indication du département où ils veulent être payés des arrérages de la rente à inscrire en leur nom. A défaut de la déclaration, la délivrance de l'inscription n'aura lieu qu'après l'expiration du délai accordé pour le pourvoi. Ceux dont l'indemnité n'excéderait pas une rente de 250, pourront en réclamer l'inscription immédiate et intégrale, en affirmant qu'ils n'ont droit à aucune autre liquidation.

51. En cas de pourvoi par-devant nous en notre conseil d'Etat, soit par les ayants-droit, soit par notre ministre des finances, conformément aux dispositions de l'article 14 de la loi, il sera sursis à la délivrance de l'extrait d'inscription jusqu'à la décision à intervenir.

52. A la réception des déclarations voulues par l'article 50 ci-dessus, qui lui seront transmises par le préfet, notre ministre secrétaire d'Etat des finances fera procéder par imputation, sur le crédit de 30 millions de rentes qui lui est ouvert, à l'inscription intégrale des rentes de 250 francs, et au-dessous. A l'égard de celles qui excéderaient cette quotité, il y sera procédé par cinquième à l'époque du 22 juin de chaque année, à partir de 1825, avec jouissance du jour de l'inscription autorisée.

53. La remise des extraits d'inscription sera faite aux ayants-droit, à Paris, par le directeur du grand-livre de la dette inscrite, au ministère des finances; dans les départements par le receveur-général.

54. Notre ministre secrétaire d'Etat des finances prendra les mesures nécessaires pour que les indemnisés jouissent, pour toucher les arrérages de leurs rentes dans les départements de leur résidence, des mêmes facilités qui sont accordées aux autres propriétaires de rentes.

55. La commission de liquidation, toutes les sections réunies, examinera les avis donnés par le préfet en conseil de préfecture, sur la lésion éprouvée par les ayants-droit à l'indemnité. Lorsque le résultat des liquidations sera connu, elle vérifiera à quelle somme s'élèvent les fonds restés disponibles sur les 30 millions de rente, et afin de nous préparer les moyens de réparer les inégalités résultantes des bases fixées par l'article 2 de la loi, elle nous présentera, avec un rapport sur ses travaux, un tableau indiquant la situation relative de tous les individus qui ont participé à l'indemnité.

TITRE VII.

Des créanciers et des biens affectés provisoirement aux hospices et autres établissements de bienfaisance.

56. Les oppositions qui seraient formées à la délivrance des inscriptions de rente par les créanciers porteurs de titres antérieurs à la confiscation, non liquidés ni payés, et qui ne doivent avoir d'effet que pour le capital des créances, seront dans tous les cas signifiées à Paris au ministère des finances (bureau des oppositions). Ces oppositions et celles que pourraient former des créaciers porteurs de titres postérieurs à la confiscation, seront faite dans les formes prescrites par les lois des 19 février 1792 et 30 mai 1793, et par le décret du 18 août 1807.

37. A l'égard des biens-fonds qui n'ont été que provisoirement affectés aux hospices et autres établissements de bienfaisance, et qui, aux termes de l'article 8 de la loi du 5 décembre 1814, doivent être restitués après que ces établissements auront reçu un remplacement de dotation égal à la valeur de ces biens, si les anciens propriétaires ou leurs représentants veulent rentrer en possession desdits biens, moyennant la remise à l'établissement détenteur, d'une inscription de rentes 3 pour 100, dont le capital sera égal au montant de l'estimation due aux réclamants à titre d'indemnité. L'ancien propriétaire ou ses représentants feront connaître au préfet de la situation des biens, aussitôt après la liquidation de leur indemnité, l'intention où ils sont de rentrer en possession desdits biens, dont ils indiqueront la nature et le détenteur actuel : ils produiront en même temps la décision de la commission sur l'indemnité liquidée à leur profit.

58. Communication de leur réclamation sera donnée à l'administration de l'établissement détenteur, laquelle vérifiera si elle possède à titre provisoire, et dans ce cas prendra une délibération conforme aux intentions du réclamant, et la transmettra au préfet avec une copie dûment certifiée de l'acte de concession provisoire. Après examen des pièces à lui adressées, le préfet prendra, sauf l'approbation du ministre de l'intérieur, un arrêté à l'effet d'ordonner la remise des biens-fonds aux ayants-droit, mais sous la réserve qu'elle ne sera effectuée que lorsque l'hospice aura reçu l'inscription de la rente qui lui est attribuée.

59. En cas de contestation sur le titre, et si l'administration de l'établissement prétend ne pas jouir à titre provisoire, la contestation sera portée devant le ministre de l'intérieur, sauf le recours devant nous en notre conseil d'Etat.

60. Les préfets feront imprimer la présente ordonnance au recueil des actes administratifs, et ils y joindront le tableau de dépréciation des assignats et des mandats, qui a été dressé dans chaque département, en exécution de la loi du 23 juin 1797 (5 messidor an v).

61. Conformément à la loi du 26 frimaire an viii, relative aux

actes à produire pour la liquidation de la dette publique , les actes sous seing-privé , tendant uniquement à la liquidation de l'indemnité , et en tant qu'ils serviront aux opérations de la liquidation , sont disposés de la formalité du timbre et de l'enregistrement. Les actes des administrations et ceux de la commission de liquidation sont dispensés des mêmes formalités.

62. Conformément à l'article 9 de la loi du 17 floréal an VII, relative au paiement de la dette publique, l'indemnité sera liquidée en francs , c'est-à-dire un franc par livre sans modification ni réduction.

63. Notre ministre secrétaire d'Etat des finances est chargé de l'exécution de la présente ordonnance, qui sera insérée au Bulletin des lois.

Donnée à Paris , au château des Tuileries, le 1er jour du mois de mai de l'an de grâce 1825 , et de notre règne le premier.

CHARLES.

Par le Roi ,

Le ministre secrétaire d'État des finances ,

JH. DE VILLÈLE.

LOIS ET DÉCRETS

CITÉS

DANS LA LOI SUR L'INDEMNITÉ.

(Nᵒ 1ᵉʳ *bis.*)

Loi du 12 prairial an III (31 mai 1795), qui détermine un mode d'adjudication sans enchère des biens nationaux à vendre.

(Citée dans l'art. 2 de la loi d'indemnité.)

ART. 1. Chaque citoyen pourra se faire adjuger , sans enchère, tel bien national à vendre qu'il désirera , par le directoire du district où il est situé, si alors la vente n'en est pas encore commencée, en se soumettant par écrit, sur un registre à ce destiné , à payer en assignats le denier 75 du revenu annuel de 1790 , pris sur les baux alors existants, c'est-à-dire , soixante-quinze fois ce même revenu, certifié véritable par le fermier ou locataire.

2. L'adjudication sera faite le même jour que la soumission ,

ou au plus tard dans les trois jours suivants, à la charge de solder le prix de la vente en quatre paiements, dont le sixième au moment de l'adjudication, le sixième dans le mois, le tiers dans le mois suivant, et l'autre tiers dans le troisième mois, avec les intérêts à 5 pour cent, sans déduction, dès la jouissance.

3. L'acquéreur percevra les revenus en proportion du temps qui restera à écouler de l'année courante du bail, depuis son entrée en possession, qui n'aura lieu qu'après avoir effectué les deux premiers paiements.

4. A défaut de paiement à chaque terme indiqué, il sera déchu de son adjudication, et remboursé de ce qu'il aura déjà donné, déduction faite des frais, en bons au porteur délivrés à la trésorerie nationale, et admissible en paiement d'autres biens nationaux à vendre.

5. Dans le cas où le fermier était obligé au paiement de la contribution foncière, en tout ou en partie, ou assujéti à quelques autres charges, telles que *réparations non locatives, charrois, dîme, champart, cens,* etc., le montant ou l'évaluation de ces objets sera ajouté au loyer ou fermage pour fixer le prix de la vente au denier soixante quinze.

6. A l'égard des biens nationaux dont le fermage était stipulé en nature, ou partie en monnaie, partie en nature, les objets en nature seront évalués sur les mercuriales de 1790 du marché du chef-lieu de district.

7. Quand aux biens nationaux non loués en 1790, ou affermés sans prix fixe; ainsi que les bois et autres immeubles non compris alors dans le bail, et aussi ceux qui étaient loués pour plus de neuf ans, le revenu sera présumé être de cinq fois le montant du principal de la contribution foncière de 1792, lequel revenu présumé servira de base pour leur vente au denier soixante-quinze, sans qu'il soit néanmoins dérogé à la loi qui défend de vendre les bois au-dessus de cent arpents.

8. Dans le cas où il y aurait des sous-baux antérieurs à 1791 pour plus de moitié du montant du bail, leur prix sera la base de la vente; et s'il se trouve dans le bail général des objets non sous-fermés, le prix desdits objets sera réglé sur le principal de la contribution foncière de 1792.

9. Les maisons et bâtiments servant aux exploitations rurales, ou adjacents à quelque bien national, ne pourront être vendus qu'avec les terres en dépendantes.

10. En cas de concurrence, le bien sera adjugé à celui qui l'aura demandé et soumissionné le premier après la publication de la loi, aux conditions ci-dessus; mais si plusieurs personnes se présentent en même temps pour cet effet, le sort décidera entre elles de la priorité.

11. Sont exceptés des dispositions précédentes les maisons ci-devant religieuses, ainsi que celles employées ou destinées à quelques établissements ou au service public, ou mises en loterie; leurs avenues, cours, parcs, jardins, vergers et bosquets y attenants.

12. Lesdites maisons ci-devant religieuses, et ceux des autres

biens nationaux à vendre qui ne se trouveront pas vendus par ce nouveau mode ou par la voie des loteries , continueront d'être mis à l'enchère suivant les lois anciennes.

13. Les ventes seront publiées et affichées tous les mois dans le bulletin de correspondance.

14. Les assignats provenant des ventes dont il s'agit , seront annullés et brûlés en la forme ordinaire.

(N° 2.)

Loi du 5 messidor an v (23 juin 1797) , qui ordonne la formation de tableaux de dépréciation des assignats.

(Citée dans l'art. 2 de loi sur l'indemnité.)

ART. 1er. Lorsqu'il y aura lieu de réduire en numéraire métallique la valeur nominale d'une obligation , la réduction sera faite, eu égard à la valeur d'opinion du papier-monnaie , au moment du contrat, dans le département où il aura été fait.

2. Pour régler la valeur d'opinion du papier-monnaie , il sera fait dans chaque département un tableau des valeurs successives de ce papier, à partir du premier janvier 1791 (vieux style), pour les pays renfermés dans l'ancien territoire de la France , et pour ceux réunis par différentes lois , ainsi que pour l'île de Corse et les colonies , à partir de l'introduction , dans ces pays , du papier-monnaie.

3. L'époque à laquelle a cessé la circulation forcée du papier-monnaie valeur nominale , est et demeure fixée au jour de la publication de la loi du 29 messidor an IV.

4. Pour former le tableau prescrit par l'article II , il sera envoyé à chaque administration centrale, avec la présente, un extrait des notes tenues à la trésorerie nationale , du cours du papier-monnaie ; ces notes seront combinées avec celles qui pourraient avoir été tenues dans des places de commerce du département , et avec la valeur qu'auront eue les immeubles , les denrées et les marchandises, dans leur libre cours , aux époques correspondantes avec ces notes.

5. L'administration centrale , pour procéder à ce tableau, s'adjoindra quinze citoyens des plus éclairés dans ce genre d'affaires ; elle le fera imprimer , et l'enverra aux tribunaux du département et au directoire exécutif, lequel formera de tous les tableaux une collection qu'il transmettra pareillement aux tribunaux.

6. Il sera procédé à ce tableau dans un mois, à compter de la publication de la présente; et en cas qu'une administration centrale n'eût pas envoyé son tableau dans le délai ci-dessus aux tribunaux du département , ils prendront pour règle dans leurs jugements , jusqu'à ce qu'ils l'aient reçu ; celui du département le plus voisin ,

que le commissaire du directoire exécutif sera tenu de se procurer
et de présenter.

(N° 3.)

*Loi du 9 floréal an III (20 avril 1795), relative à la levée du
séquestre mis sur les biens de pères et mères d'émigrés.*

(Citée dans l'art. 3 de la loi sur l'indemnité.)

Art. 1er Chaque père, chaque mère d'émigré, chaque aïeul, chaque aïeule et autre ascendant ou ascendante dont un émigré se
trouve héritier présomptif et immédiat, comme représentant son
père ou sa mère décédé, sera tenu, dans les deux mois de la publication du présent décret, de fournir au directoire du district de
son domicile la déclaration de ses biens.

2. Cette déclaration, qui sera affirmée sincère, comprendra dis-
tinctement :

1°. Tous les articles de son mobilier, à la seule exception des
habits, linge de corps et hardes de la famille, et la juste valeur
vénale de chacun au temps présent ; 2° Tous les articles de ses immeubles, chacun évalué de même, et indiqué par l'assiette, la nature et la contenance des fonds ; 3° Tous ses capitaux ou dettes actives, avec les sommes et les nom, professions et demeures des
débiteurs ; 4° Ce qu'il a donné de ces biens depuis le 14 juillet
1789, ce qu'il en a donné avant à ses enfants ou petits-enfants, et
ce qu'il en a vendu postérieurement à l'émigration et au 1er février
1793, le tout avec les mêmes désignations des choses et des personnes, et des valeurs actuelles; 5° enfin ses dettes passives. Il y
joindra les pièces justificatives, ensemble l'état nominatif de ses
descendants successibles, les certificats de non-émigration de ceux
qui n'ont pas quitté le territoire de la république, et l'époque de
l'émigration des autres.

3. L'ascendant d'émigré soumis à la déclaration ci-dessus, qui
refusera de la fournir, ou ne la fournira pas dans le délai, sera
puni de la déchéance de tous les avantages qui lui sont accor-
dés par la présente loi, et des experts nommés d'office le rapporteront à ses frais.

4. Le déclarant, convaincu de soustraction ou d'estimation
frauduleuse, sera puni d'une amende égale au quadruple de l'objet
soustrait ou estimé frauduleusement.

5. Les directoires appliqueront ces peines sans aucune espèce
de recours.

6. Il est ordonné aux procureurs-syndics, aux municipalités et
aux receveurs de l'enregistrement et des domaines, de dénoncer les
soustractions et estimations frauduleuses qui viendraient à leur
connaissance.

Tous les bons citoyens y sont invités.

7. Aussitôt qu'un ascendant d'émigré aura fourni sa déclaration, ou que des experts l'auront rapportée, le directoire du district de son domicile s'assemblera en séance publique, et au complet de ses membres.

8. Les membres créanciers ou débiteurs, et ceux parents ou alliés de l'ascendant et de ses successeurs, jusqu'au troisième degré inclusivement, s'en abstiendront, à peine de privation de leurs droits de citoyens pendant une année, et de tous dommages et intérêts.

On les remplacera, ainsi que les absents, par d'autres membres du conseil-général, appelés suivant l'ordre du tableau.

9. Le directoire procédera, avec l'assistance du procureur-syndic, à la liquidation du patrimoine déclaré.

10. Il en distraira les seuls biens donnés aux successibles avant le 14 juillet 1789, (sauf ce qui peut être sujet à rapport) et les seules dettes passives constatées par des titres de dates certaines antérieures à l'émigration et au 1ᵉʳ février 1793.

11. Si le patrimoine ainsi liquidé n'excède pas 20,000 livres de capital, le directoire arrêtera que la république y renonce, et qu'elle en fait l'abandon définitif à l'ascendant.

12. Si, au contraire, le patrimoine liquidé excède 20,000 livres de capital, le directoire prélèvera d'abord cette somme pour l'ascendant.

13. Il fera ensuite du surplus autant de parts égales qu'il y aura de têtes ou de souches de successeurs présents et émigrés, l'ascendant compté pour une.

14. Les successeurs remplis par des donations antérieures au 14 juillet 1789 ne seront pas comptés.

On imputera aux autres donataires de la même date ce qu'ils auront déjà reçu.

15. Après le partage, le directoire expédiera à l'ascendant, sur le pied de son estimation, et en biens meubles, immeubles et capitaux dépendants du patrimoine :

1° Le montant de ses dettes passives distraites ;

2° Les 20,000 prélevées à son profit ;

3° Sa portion du surplus ;

4° Celles de tous ses co-successeurs non émigrés.

16. Les portions des émigrés seront réunis au domaine national, en indemnité des frais de la guerre, sans espoir de retranchement pour les enfants qui pourraient naître par la suite à l'ascendant présuccédé.

17. Lorsqu'un émigré aura reçu, à titre de donation entre-vifs, antérieurement au 14 juillet 1789, des valeurs supérieures à la portion lui revenant par le partage ci-dessus, le directoire s'en tiendra à la donation ; et si elle existe avec réserve d'usufruit, en réunissant les biens grevés au domaine de la République, il renverra l'usufruitier à la trésorerie nationale, qui établira à son profit, sur le grand-livre de la dette viagère, sans aucune mention d'origine, un capital du montant de l'estimation déclarée, et en calcu-

lera la rente d'après le taux fixé pour chaque âge par la table n° V de la loi des 23 floréal et 3 prairial derniers.

Cette rente, représentative de l'usufruit éteint, sera payée de six en six mois, et d'avance, en remplissant les formalités prescrites aux autres rentiers viagers.

On ne pourra jamais en exiger le remboursement.

Pareillement, si la donation excède ce dont il était permis de disposer, le directoire, après avoir liquidé la somme sujette à rapport, renverra le donateur à la trésorerie nationale, qui l'inscrira comme créancier du montant, toujours sans mention d'origine, sur le grand-livre de la dette publique exigible. L'intérêt accordé aux autres créanciers de l'état courra à son profit du jour de l'inscription.

18. L'abandon total et les expéditions partielles faites aux pères, mères, aïeux et aïeules d'émigrés, le seront au nom de la République, avec décharge de l'hypothèque de la nation; main-levée du séquestre, toutefois sans restitution des fruits, lesquels demeureront compensés avec les secours qu'ils ont reçus ou qu'ils doivent recevoir, en vertu de la loi du 23 nivose; élargissement définitif si le parent est détenu, et s'il n'existe d'autre cause de détention que la parenté, exemption pour l'avenir de la taxe imposée par les lois des 27 septembre 1792 et 28 mars 1793, et déclaration solennelle qu'il est quitte envers le trésor public, à raison de l'émigration de ses enfants ou petits-enfants, et de tous leurs droits successifs.

19. Ces arrêtés seront imprimés et affichés, les directoires les motiveront et y désigneront avec soin les objets expédiés et les objets réunis, ainsi que leurs valeurs déclarées. Ils observeront, en outre, de faire rentrer à l'ascendant ceux de ces objets qu'ils auraient aliénés, et qui n'excéderaient pas ce qui lui revient par le partage.

20. Les citoyens qui voudront racheter de la République, au prix de l'estimation déclarée, les portions de leurs anciens biens réunies à ses domaines, en vertu du présent décret, sont admis à en faire leur soumission dans les deux décades de l'arrêté. Elle embrassera la totalité des articles, ou ne sera pas reçue.

21. Après vingt jours d'affiche dans les chefs-lieux du district ou du canton du domicile, et dans toutes les communes de la situation des biens, le directoire leur passera vente à ce prix, payable moitié comptant, l'autre moitié dans six mois, à moins qu'il ne soit survenu pendant l'affiche une offre du quart en sus.

22. En cas d'offre du quart en sus, les enchères s'ouvriront, et la vente se fera comme celle des autres biens appartenant à la République.

23. Les directoires adresseront au comité des finances, et à la commission des revenus nationaux, des copies certifiées de chaque partage, abandon et vente. Ils en adresseront aussi à la trésorerie nationale, de ceux de ces actes portant renvoi pour inscription.

24. Le comité des finances vérifiera leurs opérations, et en rendra

compte à la Convention nationale , qui en fera insérer les rapports au Bulletin de correspondance , et mentionnera honorablement le zèle et la fidélité.

25. Au moyen des dispositions ci-dessus , toute la législation relative aux familles des émigrés est abolie , et la nation renonce à toutes les successions qui pourraient leur échoir à l'avenir , tant en ligne directe que collatérale , n'entendant recueillir que celles ouvertes jusqu'à ce jour.

26. Après l'exécution du présent décret , on ne reconnaîtra plus en France de père , mère , aïeul , aïeule , parent ni parente d'émigré.

27. Il n'est en rien dérogé aux lois existantes contre les complices des émigrés. On continuera de regarder et de punir comme tel quiconque , à l'avenir , entretiendrait des correspondances avec eux , ou leur ferait passer des secours.

Les peines prononcées contre l'émigration subsistent ; elles seront appliquées à ceux qui pourraient émigrer dans la suite : on appliquera également à leurs ascendants les dispositions de la présente loi.

(N° 4.)

Loi du 5 décembre 1814 , relative aux biens non-vendus des émigrés.

(Citée dans les art. 9 et 17 de la loi sur les émigrés.)

Louis , etc.

Par notre ordonnance du 21 août , nous avons rendus à l'état civil une classe recommandable de nos sujets , long-temps victimes de l'inscription sur les listes d'émigrés. En leur rendant cette première justice , nous avons annoncé notre intention de présenter aux deux Chambres une loi sur la remise des biens non vendus. Dans les dispositions de cette loi , nous avons considéré le devoir que nous imposait l'intérêt de nos peuples , de concilier un acte de justice avec le respect dû à des droits acquis par des tiers , en vertu de lois existantes ; avec l'engagement que nous avons solennellement contracté , et que nous réitérons , de maintenir les ventes des domaines nationaux ; enfin, avec la situation de nos finances , patrimoine commun de la nombreuse famille dont nous sommes le père. et sur laquelle nous devons veiller avec une sollicitude toute paternelle.

A ces causes , nous avons proposé , les Chambres ont adopté , nous avons ordonné et ordonnons ce qui suit :

Art. 1er. Sont maintenus et sortiront leur plein et entier effet , soit envers l'État , soit envers les tiers , tous jugements et décisions rendus , tous actes passés , tous droits acquis avant la publication de la Charte constitutionnelle, et qui seraient fondés sur des lois ou des actes du Gouvernement relatifs à l'émigration.

2. Tous les biens immeubles séquestrés ou confisqués pour cause d'émigration, ainsi que ceux advenus à l'Etat par suite de partages de successions ou présuccessions, qui n'ont pas été vendus et font actuellement partie du domaine de l'Etat, seront rendus en nature à ceux qui en étaient propriétaires, ou à leurs héritiers ou ayant-cause.

Les biens qui auraient été cédés à la caisse d'amortissement, et dont elle est actuellement en possession, seront rendus, lorsqu'il aura été pourvu à leur remplacement.

3. Il n'y aura lieu à aucune remise des fruits perçus : néanmoins les sommes provenant de décomptes faits ou à faire, et les termes échus et non payés, ainsi que les termes à échoir du prix des ventes de biens nationaux provenant d'émigrés, seront perçus par la caisse du domaine, qui en fera la remise aux anciens propriétaires desdits biens, à leurs héritiers ou ayants-cause.

4. Seront remis, ainsi qu'il est dit art. 2, les biens qui, ayant été déjà vendus ou cédés, se trouveraient cependant actuellement réunis au domaine, soit par l'effet de la déchéance définitivement prononcée contre les acquéreurs, soit par toute autre voie qu'à titre onéreux.

5. Dans le cas seulement de l'article précédent, les anciens propriétaires, leurs héritiers ou ayant-cause, seront tenus de verser dans la caisse du domaine, pour être remis à l'acquéreur déchu, les à-comptes qu'il aurait payés. La liquidation de ces à-comptes sera faite administrativement au domaine même, suivant les règles accoutumées.

6. Les biens que l'Etat a reçus en échange de biens d'émigrés, et qui se trouvent encore en sa possession, seront rendus, sous les réserves et exceptions énoncés dans la présente loi, aux anciens propriétaires de biens échangés, à leurs héritiers ou ayants-cause.

7. Sont exceptés de la remise les biens affectés à un service public, pendant le temps qu'il sera jugé nécessaire de leur laisser cette destination; mais l'indemnité due à raison de la jouissance de ces biens sera réglée dans les budgets de 1816.

8. Sont encore exceptés de la remise les biens dont, par des lois ou des actes d'administration, il a été définitivement disposé en faveur des hospices, maisons de charité et autres établissements de bienfaisance, en remplacement de leurs biens aliénés ou donnés en paiement des sommes dues par l'Etat.

Mais lorsque, par l'effet des mesures législatives, ces établissements auront reçu un accroissement de dotation égal à la valeur des biens qui n'ont été que provisoirement affectés, il y aura lieu à remise de ces derniers biens en faveur des anciens propriétaires, leurs héritiers ou ayant-cause.

Dans le cas où les biens donnés, soit en remplacement, soit en paiement, excéderaient la valeur des biens aliénés, et le montant des sommes dues à ces établissements ; l'excédent sera remis à qui de droit.

9. Seront remis, aux termes de l'article 2, les rentes purement foncières, les rentes constituées, et les titres de créances, dues par des particuliers, et dont la régie serait actuellement en possession.

10. Les actions représentant la valeur des canaux de navigation seront également rendues, savoir : celles qui sont affectées aux dépenses de la Légion d'honneur, à l'époque seulement où, par suite des dispositions de l'ordonnance du 19 juillet dernier, ces actions cesseront d'être employées aux mêmes dépenses ; celles qui sont actuellement dans les mains du Gouvernement, aussitôt que la demande en sera faite par ceux qui y auront droit, et celles dont le Gouvernement aurait disposé, soit que la délivrance en ait été faite, soit qu'elle ne l'ait pas été ; lorsqu'elles rentreront dans ses mains par l'effet du droit de retour stipulé dans les actes d'aliénation.

11. Pour obtenir la remise ordonnée par la présente loi, les anciens propriétaires, leurs héritiers ou ayant-cause, se pourvoiront par-devant les préfets des départements où les biens sont situés.

12. Les préfets, après avoir pris l'avis des directeurs des domaines, des conservateurs des forêts, et s'être assurés des qualités et des droits des réclamants, transmettront les pièces justificatives, avec leur avis motivé, au secrétaire d'état des finances.

13. Le secrétaire d'état des finances enverra toutes ces demandes à la commission chargée de prononcer sur les remises.

14. Il sera sursis, jusqu'au 1er janvier 1816, à toutes actions de la part des créanciers des émigrés sur les biens remis par la présente loi : lesdits créanciers pourront néanmoins faire tous les actes conservatoires de leurs créances.

(N° 5.)

Loi du 14 ventose an VII (4 mars 1799), relative aux domaines engagés par l'ancien gouvernement.

(Citée dans l'art. 9 de la loi sur l'indemnité.)

ART. 1er. Les aliénations du domaine de l'Etat consommées dans l'ancien territoire de la France avant la publication de l'édit de février 1566, sans clause de retour ni réserve de rachat, demeurent confirmées.

2. En ce qui concerne les pays réunis postérieurement à la publication de l'édit de février 1566, les aliénations de domaines faites avant les époques respectives des réunions, seront réglées

suivant les lois lors en usage dans les pays réunis, ou suivant les traités de paix ou de réunion. .

3. Toutes les aliénations du domaine de l'État contenant clause de retour ou réserve de rachat faites à quelque titre que ce soit, à quelques époques qu'elles puissent remonter, et en quelque lieu de la république que les biens soient situés, sont et demeurent définitivement révoquées.

4. Toutes autres aliénations, même celles qui ne contiennent aucune clause de retour ou de rachat, faites et consommées dans l'ancien territoire de la France, postérieurement à l'édit de février 1566, et dans les pays réunis postérieurement aux époques respectives de leur réunion, sans autorisation des assemblées nationales, sont et demeurent révoquées, ainsi que les sous-aliénations qui peuvent les avoir suivies, sauf les exceptions ci-après.

5. Sont exceptés des dispositions de l'article 4 :

1° Les échanges consommés légalement et sans fraude avant le 1er janvier 1789, pour les pays qui, à cette époque, faisaient partie de la France ; et avant les époques respectives des réunions, quant aux pays réunis postérieurement audit jour 1er janvier 1789;

2° Les aliénations qui ont été spécialement confirmées par des décrets particuliers des assemblées nationales, non abrogés ou rapportés postérieurement. ·

3° Les inféodations et acensements des terres vaines et vagues, landes, bruyères, palus et marais, non situés dans les forêts ou à sept cent quinze mètres d'icelles (100 perches environ), pourvu que les inféodations et acensements aient été faits sans fraude, et dans les formes prescrites par les réglements en usage au jour de leur date, et que les fonds aient été mis et soient actuellement en valeur, suivant que le comportent la nature du sol et la culture en usage dans la contrée ;

4° Les aliénations et sous-aliénations ayant date certaine avant le 14 juillet 1789, faites avec ou sans deniers d'entrée, de terrains épars quelconques, au-dessous de la contenance de cinq hectares, pourvu que lesdites parcelles éparses de terrains ne comprissent, lors des concessions primitives, ni des maisons appelées châteaux, moulins, fabriques ou autres usines, à moins qu'il n'y eût condition de les démolir et que cette condition n'ait été remplie, ni, dans les villes, des habitations actuellement comprises aux rôles de la contribution foncière au-delà de 40 francs de principal ;

5° Les inféodations, sous-inféodations et acensements de terrains dépendant des fossés, murs et remparts de villes, justifiés par des titres valables, ou par arrêt du conseil, ou par une possession paisible et publique de quarante ans, pourvu qu'il y ait été fait des établissements quelconques, ou qu'ils aient été mis en valeur.

6. En conformité de l'art. 29 de la loi du 1er décembre 1790, les échanges ne seront censés légalement consommés dans les pays formant la France au 1er janvier 1789, qu'autant que toutes les formalités rappelées par ledit article auront été accomplies en en-

tier, et, en ce qui concerne les pays réunis, qu'autant qu'on aura observé les lois qui y étaient en vigueur.

7. Les échanges consommés pourront être révoqués ou annullés, malgré l'observation exacte des formes prescrites, s'il s'y trouve fraude, fiction ou simulation prouvée par la lésion du quart, eu égard au temps de l'aliénation.

8. Dans le cas où un contrat d'aliénation, inféodation, bail ou sous-bail à cens ou à rente, porterait à-la-fois sur des terrains désignés comme vains et vagues, landes, bruyères, palus, marais et terrains en friche, et sur des terres désignées comme étant cultivées ou autrement en valeur, sans énonciation de contenance, ou sans distinguer la contenance des uns et des autres, la révocation aura lieu pour le tout.

9. Si les objets aliénés sous le nom de terres vaines et vagues, landes, bruyères, palus et marais, étaient, lors de l'aliénation, des terrains en culture ou en valeur, la frauduleuse qualification pourra se prouver par la notoriété publique et par enquête, ou par actes écrits mis en opposition avec l'acte qui contient l'aliénation.

- 10. Cette frauduleuse qualification sera légalement présumée, et donnera lieu de plein droit à la révocation, si les aliénations dont il est parlé en l'article précédent, ont été faites à *des ci-devant gentilshommes titrés, ou autres personnes ayant charge à la cour;* sans néanmoins que ladite révocation puisse atteindre les sous-inféodataires, à moins qu'ils ne réunissent les mêmes qualités.

11. L'exception portée au paragraphe V de l'art. 5 ne s'applique pas aux inféodations, dons ou concessions faits par un seul acte, et en entier, de tous les murs, remparts et fortifications d'une ville, ou de tous les terrains en dépendant : en ce cas, le sort desdites concessions sera réglé par les articles 1er, 2, 3 et 4 de la présente, sans préjudicier toutefois à l'exécution dudit paragraphe 5, relativement aux parcelles qui seraient possédées par des sous-concessionnaires.

12. Les mêmes articles 1er, 2, 3 et 4, s'appliquent aux biens que l'engagiste aurait pu réunir par puissance féodale, ou à titre de retrait féodal ou censuel résultant de son contrat d'aliénation.

13. Les engagistes qui ne sont maintenus par aucun des articles précédents, et même les échangistes dont les échanges sont déjà révoqués ou susceptibles de révocation, sont tenus, à peine d'être déchus de la faculté portée en l'article suivant, de faire, dans le mois de la publication de la présente, à l'administration centrale du département où sont situés les biens ou la majeure partie des biens engagés ou échangés, non encore vendus par la nation ni soumissionnés, en exécution de la loi du 28 ventose an IV et autres y relatives, la déclaration générale des fonds faisant l'objet de leur engagement, échange ou autre titre de concession.

14. Ceux qui auront fait la déclaration ci-dessus, pourront dans le mois suivant, faire, devant la même administration, la soumission irrévocable de payer en numéraire métallique le quart de la valeur desdits biens, estimés comme il sera dit ci-après,

avec renonciation à toute imputation, compensation ou distraction de finance ou amélioration.

En effectuant cette soumission, ils seront maintenus dans leur jouissance, ou réintégrés en icelle s'ils ont été dépossédés, et que lesdits biens se trouvent encore sous la main de la nation, déclarés en outre et reconnus propriétaires incommutables, et en tout assimilés aux acquéreurs de biens nationaux aliénés en vertu des décrets des assemblées nationales.

Les art. 15, 16, 17 et 18 prescrivent la nomination d'experts pour estimer les biens engagés, et indiquent ceux qui ne peuvent être nommés.

19. Il sera procédé à l'estimation de la manière qui suit : savoir,

Pour les maisons, usines, cours et jardins en dépendant :

Par une première opération, les experts les estimeront d'après leurs connaissances locales, et relativement au prix commun actuel des biens dans le lieu ou les environs.

Par une seconde, relativement au prix commun en 1790, en formant un capital de seize fois le revenu dont lesdits objets étaient susceptibles, sans considérer les baux à ferme ou à loyer, s'ils ne s'élevaient pas au véritable prix.

Par une troisième, s'il y avait des baux en 1790, lesdites maisons et usines, les cours et jardins en dépendant, seront évalués sur le pied de leur valeur en 1790, calculée à raison de seize fois leur revenu net.

Et pour les terres labourables, prés, bois, vignes et tous autres terrains :

Par une première opération, les experts estimeront la valeur, d'après leurs connaissances locales et relativement au prix commun actuel des biens de même nature dans le lieu ou les environs.

Par une seconde, ils estimeront la valeur d'après le montant de la contribution foncière de 1793, en prenant pour revenu net d'une année quatre fois le montant de cette contribution, et en multipliant la somme par vingt.

Et par une troisième, s'il y avait des baux existant en 1790, la valeur sera fixée sur le pied de la même année, et calculée à raison de vingt fois le revenu, d'après lesdits baux.

A l'égard de ce dernier cas, et de ceux non prévus ci-dessus, les experts se conformeront au paragraphe 3 de la loi en forme d'instruction du 6 floréal an IV, relative à l'exécution de celle du 28 ventôse précédent.

Les experts motiveront leur rapport sur chacune des bases; et les administrations, dans leurs arrêtés, en énonceront les résultats, se fixeront à celui qui sera le plus avantageux pour la république, et en feront mention expresse, le tout à peine de nullité.

20. Le quart de la valeur du terrain estimé d'après les règles por-

tées en l'article précédent ; sera acquitté dans le mois de la date de l'arrêté de l'administration qui en aura fixé le montant d'après le rapport des experts , savoir : un tiers en numéraire, et les deux autres tiers en obligations ou cédules acquittables aussi en numéraire, savoir : un tiers dans deux mois , à courir de l'expiration du premier terme, et l'autre tiers aussi dans deux mois , à courir de l'expiration du second terme, le tout avec intérêt sur le pied de cinq pour cent par an , à compter du jour de la prise de possession à l'égard de ceux qui avaient cessé d'être détenteurs, et à compter du jour de l'arrêté ci-dessus à l'égard des autres.

Le surplus de la loi s'occupe du cas où le soumissionnaire ne remplirait pas les conditions imposées, et où l'on serait obligé de revendre sur lui les immeubles soumissionnés.

———————————

(N° 6.)

Extrait de la loi du 28 avril 1816.

(Citée dans l'art. 9 de la loi sur l'indemnité.)

Art. 116. La condition mise par la loi du 5 décembre 1814 , à la restitution des biens provenant d'émigrés , qui ont été cédés à la caisse d'amortissement, est révoquée. Ces biens seront rendus aux propriétaires , lorsqu'ils auront rempli les formalités prescrites par cette loi.

A l'égard des biens à restituer , qui consisteraient en domaines engagés , la loi du 11 pluviose an XII, et le paragraphe second de l'art. 15 de celle du 14 ventose an VII (*voyez cet art. n° 5*) sont rapportées. Les possesseurs réintégrés ne seront assujettis qu'à l'exécution des autres dispositions de cette dernière loi. La présente disposition sera commune à tous les engagistes.

—————

(N° 7.)

Extrait de la loi du 8 avril 1792.

(Citée dans l'art. 9 de la loi sur l'indemnité.)

Art. 17. Dans tous les cas , on laissera aux femmes , enfants , pères et mères des émigrés , la jouissance provisoire du logement où ils ont leur domicile habituel et des meubles et effets mobiliers à leur usage, qui s'y trouveront ; il sera néanmoins procédé à l'inventaire desdits meubles, lesquels , ainsi que la maison , demeureront affectés à l'indemnité.

Art. 18. Si lesdites femmes et enfants , pères ou mères des émi-

grés sont dans le besoin, ils pourront en outre demander, sur les
biens personnels de cet émigré, la distraction à leur profit d'une
somme annuelle, qui sera fixée par le directoire, du département,
sur l'avis du directoire de district du lieu du dernier domicile de
l'émigré, et dont le *maximum* ne pourra excéder le quart du revenu net, toutes charges et contributions acquittées de l'émigré,
s'il n'y a qu'un réclamant, soit femme, enfant, père ou mère; le
tiers, s'ils sont plusieurs, jusqu'au nombre de quatre; la moitié
s'ils sont en plus grand nombre.

(N° 8.)

Extrait de la loi du 12 mars 1793.

(Citée dans l'art. 9 de la loi sur l'indemnité.)

(Les premiers articles ne s'occupent que de l'administration des
biens des émigrés et de la vente de leur mobilier. Les articles 13
et 14 ci-après, ont seuls rapport à la loi d'indemnité.)

Art. 13. Les directoires de département continueront provisoi-
ment à faire payer, ensuite de l'avis de ceux de district, sur les
revenus recouvrés des biens des émigrés, les domestiques, ou-
vriers, fournisseurs et porteurs de titres authentiques, antérieurs
au 9 février 1792, et qui ne seraient pas dans le cas de nullité ou
de réduction prononcée par les lois, pourvu que lesdites créances
n'excèdent pas 800 liv.

Art. 14. Ils feront acquitter de préférence les rentes viagères
et autres qui auraient été constituées pour prix des ventes d'immeubles, *ou créées à prix d'argent* (décret du 26 mars 1793) ou
pour récompense de services domestiques; ces rentes seront même
acquittées pour la totalité, lorsque les revenus pourront y suffire;
dans le cas contraire, ils feront payer des à comptes, à chaque
créanciers, de telle sorte qu'il soit pourvu à leurs besoins les plus
pressants.

(N° 9.)

Extrait de la loi du 21 prairial an III (9 juin 1795).

(Citée dans l'art 15 de la loi sur l'indemnité.)

Cette loi déclare comme non avenues certaines confiscations,
et ordonne la restitution des biens ou leurs valeurs.
L'art. 24 ci-après a seul rapport à la loi d'indemnité.

Art. 24. La totalité des remboursements à faire par la république, en exécution de la présente loi, sera faite en bons au porteur admissibles en paiement des biens d'émigrés seulement.

***

(N° 10.)

Décret du 22 fructidor an 3 (8 septembre 1795.)

(Cité dans l'art. 15 de la loi d'indemnité et concernant les biens des prêtres déportés.)

1er. Les décrets qui, relativement à la confiscation des biens, ont assimilé aux émigrés les ecclésiastiques déportés ou reclus, pour n'avoir pas prêté les serments ordonnés, ou comme ayant été dénoncés par six individus, sont rapportés en ce qui concerne ladite confiscation.

2. Les confiscations qui ont été prononcées ou qui ont eu lieu contre lesdits ecclésiastiques, cesseront d'avoir leur effet, à moins qu'elles ne se trouvent du nombre de celles qui sont expressément maintenues par la loi du......, relative à la restitution des biens des condamnés.

3. Les biens ou leur valeur seront remis sans délai, et suivant le mode ci-après, soit à ceux desdits ecclésiastiques qui pourraient être relevés de l'état de déportation, réclusion ou mort civile, et restitués dans les droits de citoyen, soit aux héritiers présomptifs de tous ceux des ecclésiastiques qui resteront en état de mort civile, par les jugements ou arrêtés qui les ont condamnés à la déportation ou réclusion à vie.

4. Les héritiers présomptifs seront ceux qui, au moment de la déportation ou réclusion, auraient succédé auxdits ecclésiastiques s'ils étaient morts naturellement.

5. En ce qui concerne les ventes faites des biens meubles et immeubles desdits ecclésiastiques, le paiement du restant du prix, la restitution de ce qui reste en nature, le remboursement auxdits individus et à leurs héritiers de ce qui a été ou devra être exigé ou perçu au nom de la république, les perceptions de fruits, frais de séquestres, abus ou dilapidations, on se réglera sur les dispositions de la section seconde de la loi du 21 prairial dernier, relative au mode de restitution des biens des condamnés.

6. La disposition des articles précédens ne sera point applicable aux cidevant évêques, curés, vicaires et autres ecclésiastiques, ni à leurs héritiers (bien que lesdits ecclésiastiques fussent au cas de la déportation ou réclusion, pour refus ou rétractation de prestation de serment), lorsqu'ils seront sortis du territoire de la république ou pays réunis, sans y avoir été autorisés, invités ou contraints par une loi promulguée en France, ou par arrêté ou délibération des représentans du peuple ou de quelque corps administratif, publié dans le ressort du district où ils avaient leur domicile : ceux-

là étant émigrés, s'ils sont trouvés en France, pays réunis ou occupés par les armées de la république, seront punis comme émigrés rentrés : dans aucun cas, leurs héritiers ne pourront rien prétendre à leurs biens.

INSTRUCTION.

La loi d'indemnité est une loi de justice; ce principe, que l'on ne devra jamais perdre de vue dans toutes les applications que l'on pourra faire de cette loi, résulte évidemment des rapports des commissions des deux chambres et du texte de l'art. 7, ainsi conçu : « Seront admis.... l'ancien propriétaire, et, à son défaut, les Français qui étaient appelés *par la loi ou par sa volonté*, à le représenter à l'époque de son décès, etc. », disposition qui admet nécessairement les légataires universels ou à titre universel et même les cessionnaires de droits successifs préférablement aux héritiers du sang; c'est en quoi elle diffère de la loi du 5 décembre 1814 que l'on a considérée comme loi de grâce et qui a été, en effet, interprétée comme telle par la cour de cassation qui a exclu les légataires universels du droit de réclamer les biens que cette loi restituait.

Pour avoir droit à l'indemnité, il faut nécessairement 1° être Français (*art. 1er de la loi, et 5 de l'ordonnance*), sauf les exceptions posées par l'art. 23 de la loi; 2° être soi-même ancien propriétaire ou représenter à titre d'héritier, de légataire ou donataire l'ancien propriétaire de biens confisqués et aliénés en exécution des lois sur les émigrés, les déportés et les condamnés révolutionnairement, ou ses représentants (*art. 7 de la loi, et 5 de l'ordonnance*); 3° il faut de plus que ces biens soient des biens-fonds situés en France, ou qui fesaient partie du territoire de la France au 1er janvier 1792. (*Art. 1er de la loi.*)

Avant de passer aux formalités à suivre pour être admis à partager l'indemnité, il ne sera pas inutile de fixer, en peu de mots, le sens des mots *émigrés, déportés* et *condamnés révolutionnairement.*

Émigrés : Nul doute que par ce mot la loi a voulu parler non-seulement des Français qui quittèrent leur patrie pour passer à l'étranger, mais encore de ceux qui, bien que n'ayant pas quitté la France, furent inscrits, sur les listes fatales, comme émigrés.

Déportés : Par ce mot, il faut entendre non-seulement tous ceux qui furent bannis par des lois, décrets et arrêtés révolutionnaires et dont les biens furent séquestrés, mais encore les ecclésiastiques infirmes reclus, et qu'un décret du 22 ventose an II, assimila aux émigrés, aussi bien que les ecclésiastiques bannis pour avoir refusé de prêter serment.

Condamnés révolutionnairement. Cette dénomination embrasse tous ceux qui furent jugés et condamnés par les tribunaux et commissions révolutionnaires , 'et dont par suite les biens furent adjugés au domaine de l'Etat.

L'ordonnance du Roi du 1er mai 1825, interprétative de la loi , et dont nous rapportons le texte page 125 ayant tracé la marche à suivre pour faire liquider l'indemnité, et rendre au moins inutile tout commentaire à ce sujet, nous nous bornerons à indiquer le plus succinctement possible la suite des formalités nécessaires , avec les articles de la loi qui ont rapport et ceux de l'ordonnance qui les expliquent et indiquent les pièces à fournir par les réclamants à l'appui de leurs prétentions , en ayant soin toutefois d'y joindre des modèles des pétitions et autres actes qui nécessitent la loi et l'ordonnance.

Formalités à remplir afin d'être admis au partage de l'indemnité.

. La demande en liquidation de l'indemnité que devront former les ayants-droit (*art.* 8 *de la loi et* 5 *de l'ordonnance interprétative*) devra être accompagnée des pièces justificatives à l'appui, et adressée ensuite au préfet du département de la situation des biens confisqués et aliénés (*art.* 8 *de la loi* , 5 *et suiv. jusqu'à* 16 *de l'ordonnance*), et dans les délais fixés par les art. 19 de la loi, et 17 et 18 de l'ordonnance.

Aussitôt que cette demande lui sera parvenue , le préfet devra , sans délai, la faire enregistrer sur le registre destiné à constater cette demande et ses suites. (*Art.* 16 *de l'ordonnance.*) Il devra également la faire viser , conformément au même art. 16 de l'ordonnance ; ensuite il la transmettra au directeur des domaines du département , qui dressera le bordereau de l'indemnité (*art.* 8 *de la loi du* 20, *et suiv. jusqu'à* 32 *de l'ordonnance*) d'après les renseignements que lui aura transmis (conformément aux art. 3 et 31 de l'ordonnance), le directeur-général des domaines ; ce bordereau sera ensuite (*art.* 8 *de la loi*) renvoyé , par le directeur des domaines du département , au préfet qui en donnera copie aux réclamants , au domicile qu'ils auront élu dans leur demande , ainsi que de l'état des dettes mentionnées au bordereau (*art.* 8 *et* 9 *de la loi*, 33 *et* 34 *de l'ordonnance*), afin qu'ils aient à lui présenter leurs mémoires ou observations , s'ils y trouvent des erreurs ou des inexactitudes qu'ils croient nécessaire de relever (*art.* 34 *de l'ordonnance*).

Lorsque ces mémoires ou observations seront parvenus au préfet , il devra vérifier, en conseil de préfecture, les droits et qualités des réclamants , examiner le bordereau , les observations qu'il a fait naître , et donner son avis motivé, conformément aux art. 8 de la loi , 35 , 36 et 37 de l'ordonnance; il adressera copie de cet avis aux parties , dans les huit jours de sa date, au domicile par elles élu (*art.* 38 *de l'ordonnance*) ; dans le même délai, il devra adresser cet avis , avec le bordereau et toutes les pièces produites , au ministre des finances (*art* 38 *de l'ordonnance.*) ; si les parties croient devoir réclamer contre cet avis , elles adresseront directement leurs réclamations au ministre des finances (*art.* 38 *de l'or-donnance*) à peu près dans la même forme que celles qu'elles ont pu présenter au préfet contre le bordereau du directeur des do-maines. (*Voy.* ci-après , page 158). Lorsque le ministre des finances aura reçu l'avis du préfet, avec toutes les pièces y jointes, il fera les vérifications que lui impose l'art. 9 de la loi , et enverra le tout (*art.* 10 *de la loi, et* 40 *de l'ordonnance*) à la commission qui sera nommée par le Roi (*art.* 10 *de la loi*), et organisée con-formément aux art. 41 , 42 et 43 de l'ordonnance ; cette commis-sion procédera dans les formes déterminées par les art. 11 de la loi 44, 45 , 46 , 47 , 48 et 55 de l'ordonnance ; si elle trouve les qualités et droits des parties suffisamment établis et justifiés; ou , dans le cas contraire, lorsqu'il y aura statué en dernier ressort par les tribunaux , elle procédera de suite à la liquidation (*art.* 12 *de la loi, et* 47 *de l'ordonnance*), donnera , par l'intermédiaire du préfet, avis de sa décision aux parties, au domicile par elles élu (*art.* 13 *de la loi, et* 49 *de l'ordonnance*), et en adressera copie (*art.,* 13 *de la loi, et* 48 *de l'ordonnance*), au ministre des finances qui devra alors terminer le grand-œuvre de l'indemité, en faisant opérer au profit des ayants-droit une inscription de rente , dont le capital sera égal au montant de l'indemnité liquidée (*art.* 13 *de la loi,* 50 *et* 52 *de l'ordonnance*).

La remise des extraits d'inscription sera faite aux ayants-droit , conformément à l'art. 53 de l'ordonnance.

Dans le cas où le ministre des finances ou les parties croiraient avoir à se plaindre de la décision de la commission , ils pourront se pourvoir contre cette décision devant le Roi, en son conseil d'état, dans les formes et délais fixés pour les affaires conten-tieuses , et alors il sera sursis à l'inscription de la rente jusqu'à la décision à intervenir (*art.* 14 *de la loi, et* 51 *de l'ordonnance*).

CRÉANCIERS.

Il ne sera pas superflu, en terminant, de parler, en peu de mots, des créanciers des indemnisés ; quant à ceux, porteurs de titres antérieurs à la confiscation, l'art. 18 de la loi nous dispense de toute explication ; il n'en est pas de même de ceux porteurs de ti-tres postérieurs à la confiscation ; le silence de la loi, à leur égard , a pu faire penser qu'ils n'avaient pas le droit de former opposition , comme les premiers , à la délivrance de l'inscription ; ce serait une grande erreur. La loi nouvelle n'a pas abrogé les droits que leur donnent les dispositions des Codes civil et de procédure; ces dispositions doivent donc être respectées; ainsi, non-seulement ils ont les mêmes droits que les créanciers , porteurs des titres an-térieurs à la confiscation ; mais , de plus, à la différence de ceux-ci, ils peuvent former opposition à la fois pour le principal et les in-térêts de leurs créances ; c'est ce qui résulte du silence de la loi d'indemnité, du grand principe qui a présidé à la formation de cette loi et des dispositions des Codes qui nous régissent aujourd'hui.

Les art. 56 et 57 de l'ordonnance du 1er mai 1825 indiquent de quelle manière devront être faites les oppositions à la délivrance de l'inscription.

FORMULES.

N. B. D'après l'art. 62 de l'ordonnance du 1er mai, les pétitions et mémoires, relatifs à la liquidation d'indemnité, sont affranchis de la formalité du timbre. Il en est de même des actes sous seing privé produits pour la même liquidation. Ces actes sont de plus dispensés de l'enregistrement. Mais les actes produits, qui n'ont pas été signés dans le département où se poursuit la liquidation, doivent être légalisés.

PÉTITION

Pour un ancien propriétaire.

A Monsieur le Préfet du département de

Monsieur le Préfet,

M.... (*nom, prénoms, qualité et demeure*), lequel fait élection de domicile à (*même département*), chez M. a l'honneur de vous exposer que alors de la révolution, il était propriétaire de la terre de , située à (*contenance et désignation détaillée*);

Que cette propriété fut vendue en exécution des lois sur les émigrés, les déportés et les condamnés révolutionnairement. Cette vente a eu lieu le (*désigner, s'il est possible, le montant de la vente, le nom des acquéreurs, le nombre des lots, etc.*)

D'après la loi du 27 avril 1825, l'exposant vous prie, M. le préfet, de faire procéder à la liquidation de l'indemnité qui lui revient en vertu de cette loi.

L'exposant déclare qu'il n'est point rentré en possession desdits biens depuis leur confiscation.

Pour établir ses droits à l'indemnité, il joint à la présente 1° son acte de naissance; 2° un acte de notoriété, dressé par M. le juge de paix de , constatant son indemnité avec l'ancien propriétaire dépossédé.

Lorsque le propriétaire est rentré en possession des biens confisqués sur lui, après les avoir acquis de l'État, soit directement, soit par personne interposée, la pétition ci-dessus en contiendra la déclaration et le nom de la personne interposée. On y joindra de plus, copie en forme de l'acte de vente à la personne interposée, et copie de l'acte de rétrocession.

Si l'ancien propriétaire avait racheté lui-même à des tiers sa propriété, il en fera comme on vient de le dire la déclaration, et joindra une copie en forme de l'acte d'acquisition. Les réclamants qui ne pourraient administrer la preuve des sommes qu'ils ont payées à des tiers, le déclareront et en donneront les motifs.

PÉTITION

Pour les héritier, légataire, cessionnaire de droits successifs, veuve d'étranger, descendante d'émigré mariée à un étranger, enfant de Français qui a perdu cette qualité.

Monsieur le Préfet,

M.... (*nom, prénoms, qualité et demeure*), lequel fait élection de domicile à   (*même département*), chez M.
a l'honneur de vous exposer que le domaine de   (*désignation détaillée*), appartenait, avant la révolution, à M.
et que ce domaine a été vendu en exécution des lois sur les émigrés, les déportés et les condamnés révolutionnairement (*désigner l'époque et le montant de la vente.*) L'exposant se trouvant être l'héritier (ou le légataire) de mon dit sieur   , ancien propriétaire, a droit à l'indemnité accordée par la loi du 27 avril 1825.

L'exposant déclare qu'il n'est point rentré en possession de ladite propriété. Il vous prie, M. le préfet, de vouloir bien faire procéder à la liquidation de cette indemnité.

Pour appuyer sa demande, l'exposant y joint 1° son acte de naissance; 2° un extrait des registres de l'état civil constatant le décès de mon dit sieur   , ancien propriétaire.

3°. (*Si c'est un héritier qui réclame*) Un acte de notoriété constatant qu'il est l'héritier de l'ancien propriétaire, ou bien un extrait de l'intitulé de l'inventaire fait après le décès dudit propriétaire dépossédé.

(*Si c'est un légataire*) Il y joindra une copie ou extrait authentique du testament.

Un cessionnaire de droits successifs joindra copie en forme de son acte de cession.

Si le *réclamant* est *un héritier* qui entend se prévaloir de la renonciation faite à la succession de l'ancien propriétaire, par les héritiers naturels ou institués à l'époque du décès, il devra produire une copie en forme de l'acte de renonciation, et la preuve qu'il a accepté.

Si le pétitionnaire est un *enfant de veuve* ou descendant d'émigré, déporté ou condamné révolutionnairement, né d'un père ayant joui de la qualité de Français, il joindra, aux titres établissant ses droits , des actes authentiques constatant que son père a possédé la qualité de Français et l'acte de mariage de sa mère.

La demande formée par une *Française*, *veuve ou descendante d'un émigré*, déporté ou condamné révolutionnairement, mariée avec un étranger avant le 1er avril 1814 , sera appuyée, outre les pièces ci-dessus, d'une copie de son acte de mariage, duement légalisée.

PÉTITION

Pour un ascendant qui a acquis la portion de ses biens attribuée à l'Etat par le partage de présuccession.

M. (noms) lequel fait élection de domicile à... chez, etc.

A l'honneur de vous exposer qu'il est le père (ou autre ascendant) de M... (nom et prénoms de l'émigré), qui, dans les temps de trouble , fut porté sur la liste des émigrés ;

L'exposant, d'après les lois de ce temps, acquit de l'état, au prix de l'estimation déclarée , les portions de ses biens attribués à la nation par le partage de présuccession , lesquels biens, situés dans votre département, consistent : (désignation).

Ce rachat a été fait par l'exposant moyennant la somme de...., ainsi qu'il résulte de la quittance (*ou autre pièce*) jointe à la présente.

En conséquence de la loi du 27 avril 1825 , l'exposant a droit à une indemnité qu'il vous prie , M. le préfet, de faire liquider.

Il produit , à l'appui de sa demande , 1° son acte de naissance ; 2° un acte de notoriété dressé devant M. le juge de paix de......, constatant qu'il est bien l'ascendant de mon dit sieur..., émigré 3° la quittance de la somme par lui payée.

(*A défaut de l'ascendant acquéreur, celui ou ceux de ses héritiers qui , d'après les arrangements de famille , auront supporté la perte, devront en faire la déclaration dans la demande qu'ils adresseront au trésor, et administrer la preuve des droits et qualités auxquels ils réclament. Art. 11 de l'ordonnance.*)

PÉTITION

Pour les anciens propriétaires ou leurs héritiers, dont les biens ont été affectés provisoirement aux hospices.

M...., qui fait élection de domicile, etc. (*comme aux autres*) ;

Expose qu'avant la révolution il était propriétaire du domaine de... (*désignation, situation, etc.*) :

Par suite des lois révolutionnaires , cette propriété a été confisquée et affectée *provisoirement* à l'hospice de... (*ou tel autre établissement de bienfaisance.*)

L'exposant étant dans l'intention de profiter du bénéfice que lui accorde l'article 17 de la loi du 27 avril 1825, il vous prie, M. le préfet, de faire part de son intention aux administrateurs dudit hospice.

L'exposant produit ici la décision de le commission sur l'indemnité liquidée à son profit, en s'engageant à remettre auxdits administrateurs une inscription de rente dont le capital nominal égalera la valeur du domaine confisqué.

Il vous prie, M. le préfet, de lui faire connaître la délibération de l'administration dudit hospice.

OBSERVATIONS

Sur le bordereau d'indemnité dressé par le directeur des domaines.

A Monsieur le Préfet du département de

MONSIEUR LE PRÉFET,

M... (nom, prénoms, etc.) lequel continue d'élire domicile chez M...

A l'honneur de vous exposer que le... (*date de la demande en liquidation*). Il vous adressa une demande afin d'obtenir la liquidation de l'indemnité qui lui révient en vertu de la loi du 27 avril 1825, en qualité de... (*ancien propriétaire, héritier, légataire, ascendant, etc.*)

Dans le bordereau dressé par M. le directeur des domaines, il a remarqué les erreurs suivantes, qu'il vous prie, M. le préfet, de faire rectifier.

1° On a omis de comprendre, dans les biens vendus révolutionnairement, la terre de... (désignation). Cette erreur est évidente d'après les pièces qu'il joint à la présente (désigner ces pièces).

2° On a évalué le revenu des biens confisqués à..., tandis que ce revenu doit être porté à..., comme il résulte encore de...

3° C'est aussi par erreur que l'on a porté au nombre des dettes payées par l'État à l'acquit du propriétaire dépossédé une somme de..., pour... (donner le motif) ; et cette erreur se trouve détruite par...

4° M. le directeur a pris, pour fixer l'indemnité, le tableau des dépréciation du papier-monnaie du département de...., tandis que les biens compris dans le bordereau étaient situés en partie sur le département de...

(Enfin, on fera toutes observations qui auraient pour objet la lésion qui résulterait de la fausse application des dispositions générales de la loi.)

L'exposant espère que vous vous empresserez, M. le préfet, de faire droit à sa réclamation.

FIN.

TABLE

DES MATIÈRES.

FIN DE LA TABLE.

www.ingramcontent.com/pod-product-compliance
Lightning Source LLC
Chambersburg PA
CBHW050005100426
42739CB00011B/2510